STAR WARS®

L'ENCYCLOPÉDIE ABSOLUE
NOUVELLE ÉDITION

DORLING KINDERSLEY
Édition : Simon Beecroft, Alex Allan, Neil Kelly, Laura Gilbert
Directeur artistique du projet : Dan Bunyan
Fabrication : Rochelle Talary

LUCASFILM

Responsables artistiques : Troy Alders et Iain R. Morris
Responsables éditoriaux : Jonathan W. Rinzler et Leland Chee

La première publication de ce livre est parue au Royaume-Uni en 2005
chez Dorling Kindersley Limited, sous le titre *Star Wars : The Ultimate Visual Guide*

ÉDITION FRANÇAISE
Traduction : Alain Clément
Coordination : Véronique Herbold, Dorothée Rothschild et Bérénice Claude
Mise en pages : Atelier Martine Fichter

N° d'éditeur : 10148079
ISBN : 978-2-09-251962-2
Dépôt légal : octobre 2008
Imprimé en Chine

STAR WARS®

L'ENCYCLOPÉDIE ABSOLUE
NOUVELLE ÉDITION

ÉCRITE PAR RYDER WINDHAM
ET, POUR LES NOUVELLES PAGES, PAR DAN WALLACE

LUCAS BOOKS Nathan
www.starwars.com www.nathan.fr

SOMMAIRE

AVANT-PROPOS

IL EST DIX HEURES. La lumière s'éteint. C'est la séance du matin. Au programme, un nouvel épisode de la série que tout le monde adore. Ça pourrait se passer il y a plus de 50 ans au King's Theatre de Dundee, en Écosse, n'importe quel samedi matin. Après avoir patienté pendant les actualités Pathé et applaudi Jerry contre Tom, j'aurais savouré d'avance le spectacle d'un nouveau duel entre le Bien et le Mal.

Mais, je ne suis pas à Dundee dans l'après-guerre : je me trouve au Ranch Skywalker, en 2005. Pourtant, aujourd'hui, je redeviens un gamin : j'ai hâte que commence cette projection privée de l'Épisode III, *La Revanche des Sith*, le dernier des six films qui constituent la saga *Star Wars*, où, pour une fois, le Mal va triompher du Bien – par ma faute.

Ma première rencontre avec l'empereur Palpatine remonte au début des années 80, aux Studios Elstree. Je me contemplais dans un miroir de maquillage. Des lentilles de contact jaunes gênaient mes yeux et mon champ de vision. Au moment où j'ai pénétré sur l'immense plateau de tournage, transformé en un hangar de vaisseau spatial et peuplé de stormtroopers étincelants, l'ampleur du projet de George Lucas m'est apparue : il s'agissait d'une aventure spatiale aux dimensions wagnériennes.

Le temps a passé. Les épisodes de la prélogie se sont succédé et, tandis que Palpatine rajeunissait sous le masque d'un politicien – qui, par chance, avait mon visage –, la révolution numérique s'est emparée du cinéma.

À présent, je contemple le dénouement de la saga qui fait partie de ma vie depuis plus de vingt ans et je suis à nouveau captivé. Une lumière froide luit sur l'armure du tragique apprenti de Palpatine, un sourire sinistre passe sur les traits reptiliens de son ignoble mentor, l'Empereur autoproclamé de la galaxie, mais tout espoir n'est pas mort. Le soleil se couche sur l'Ancienne République mais des bébés jumeaux s'éveillent, et, avec eux, la promesse que les futures générations verront l'obscurité céder devant la lumière.

La lumière revient dans la salle, me ramenant à une certaine réalité, mais je refuse de bouger, savourant un entêtant mélange de tristesse et d'allégresse, et je songe : « On n'en fait plus, des films comme ça... ».

INTRODUCTION

EN DÉCEMBRE 1976, mon frère Corey a rapporté à la maison un roman qui allait bouleverser ma vie : la novélisation de *Star Wars*, publiée avant la sortie du film au cinéma. Corey l'avait achetée parce qu'il avait adoré l'illustration de couverture. Il aima aussi l'histoire : je ne l'avais pas vu aussi enthousiaste à propos d'un bouquin depuis *Vingt mille lieues sous les mers*, le classique de Jules Verne. Moi aussi j'ai adoré la puissance du dessin de Ralph McQuarrie. Quelques mois plus tard, l'adaptation en bande dessinée publiée par Marvel Comics attisa encore notre impatience de voir le film.

Corey et moi, nous pensions connaître l'histoire par cœur, mais quand le film est enfin sorti à l'été 1977, il nous a sidérés, nous et le monde entier. Nous y sommes retournés plusieurs fois, pour nous plonger dans la galaxie de George Lucas, si lointaine dans le temps et l'espace. Le pouvoir de *Star Wars* n'a jamais faibli.

Près de trente ans après le premier film – qui s'appelle désormais « Épisode IV : *Un nouvel espoir* » – une quantité sans cesse croissante de produits dérivés – romans, bandes dessinées, jeux vidéo – ont considérablement étendu l'univers de *Star Wars* au-delà des deux trilogies cinématographiques.

Avec cette encyclopédie, laissez-vous guider à travers l'univers de *Star Wars*. Abondamment illustré, cet ouvrage recense l'essentiel des intrigues, des personnages et des décors qui constituent à la fois les six films de la saga et les produits dérivés. Outre la dimension fiction de *Star Wars*, il apporte des informations détaillées sur l'évolution et la fabrication de chacun des films, depuis le tout premier jusqu'à *La Revanche des Sith*. Il s'intéresse également aux jeux vidéo, aux novélisations et il comporte une chronologie de *Star Wars*.

Puisse ce livre de référence passionner ses lecteurs autant que la saga de George Lucas a captivé, captive et captivera des générations de cinéphiles !

Ryder Windham
juin 2005

UNE GALAXIE TRÈS LOINTAINE...

QUAND LA TECHNOLOGIE a rendu possible de voyager vers d'autres mondes, les premières tentatives sont restées localisées, car la durée des déplacements interstellaires excédait la plupart des espérances de vie. Puis, la découverte de l'hyperespace – ce couloir dimensionnel qui autorise les voyages superluminiques – a aboli le facteur temps, et des routes hyperspatiales ont été créées, des technologies nouvelles sont apparues, et la République galactique a émergé, sous le contrôle des nobles chevaliers Jedi dont le Temple dominait Coruscant, planète-cité et centre du pouvoir républicain. La République est ensuite devenue un Empire, auquel a succédé une Nouvelle République, dans laquelle les Jedi continuent à incarner la liberté et la justice dans toute la galaxie.

HISTOIRE DE LA GALAXIE

L'HISTOIRE DE LA GALAXIE est inséparable de celle du combat entre l'Ordre Jedi et les forces du mal, dont la période cruciale se situe entre 32 av. B.Y. (avant la bataille de Yavin) et 4 ap. B.Y. (après la bataille de Yavin), quand l'émergence des Sith et la création de l'Empire faillit exterminer les Jedi à tout jamais.

25 000 AV. B.Y. FORMATION DE LA RÉPUBLIQUE GALACTIQUE ET CRÉATION DE L'ORDRE JEDI

25000 AV. B.Y.

5000 AV. B.Y. GRANDE GUERRE HYPERSPATIALE

5000 AV. B.Y.

4990 AV. B.Y. CHUTE DE L'EMPIRE SITH

4000 AV. B.Y.

3996 AV. B.Y. GRANDE GUERRE DES SITH

3995 AV. B.Y. GUERRES MANDALORIENNES

3951 AV. B.Y. GUERRE CIVILE DES SITH

3000 AV. B.Y.

2000 AV. B.Y. ÉMERGENCE DES NOUVEAUX SITH

2000 AV. B.Y.

1000 AV. B.Y. BATAILLE DE RUUSAN

1000 AV. B.Y.

896 AV. B.Y. NAISSANCE DE YODA

600 AV. B.Y. NAISSANCE DE JABBA LE HUTT

500 AV. B.Y.

490 AV. B.Y. FORMATION DU SECTEUR CORPORATISTE

350 AV. B.Y. FONDATION DE LA FÉDÉRATION DU COMMERCE

250 AV. B.Y.

200 AV. B.Y. NAISSANCE DE CHEWBACCA

100 AV. B.Y.

50 AV. B.Y.

44 AV. B.Y. GUERRE HYPERSPATIALE DE STARK

41 AV. B.Y. NAISSANCE D'ANAKIN SKYWALKER

40 AV. B.Y.

32 AV. B.Y. PADMÉ AMIDALA ÉLUE REINE DE NABOO

30 AV. B.Y.

22 AV. B.Y. MONTÉE DU MOUVEMENT DES SÉPARATISTES

20 AV. B.Y.

19 AV. B.Y. NAISSANCE DES JUMEAUX SKYWALKER

10 AV. B.Y.

L'ALLIANCE FUIT YAVIN 4.

BATAILLE DE YAVIN

1 AP. B.Y.

2 AP. B.Y.

2 AP. B.Y. LES REBELLES ÉTABLISSENT LEUR BASE SUR HOTH.

32 AV. B.Y. : BATAILLE DE NABOO
Après avoir envahi la paisible planète (pp. 40-41), la Fédération du Commerce lance ses droïdes de combat sur les guerriers de Naboo, les Gungans. Anakin Skywalker, âgé de 9 ans, ex-esclave de Tatooine, parvient à détruire le vaisseau amiral de la Fédération, neutralisant les troupes terrestres et hâtant l'issue des combats. Sur Coruscant, Palpatine, le sénateur de Naboo, est élu chancelier suprême du Sénat galactique.

22 AV. B.Y. : BATAILLE DE GÉONOSIS
Faute de disposer d'une armée, la République subit les assauts répétés des puissantes armées droïdes contrôlées par les forces séparatistes (pp. 50-51). Les Jedi ayant découvert une unité de production de droïdes sur Géonosis, le chancelier suprême Palpatine – qui dispose maintenant de pouvoirs étendus – emploie une armée de clones, développée en secret, pour les aider à détruire les équipements. La guerre des Clones commence.

19 AV. B.Y. : CRÉATION DE L'EMPIRE
En découvrant que le chancelier suprême Palpatine n'est autre que le seigneur Sith Darth Sidious (pp. 62-63), Anakin Skywalker, assoiffé de pouvoir, choisit de se faire son apprenti. Sous le nom de Darth Vader, il aide son nouveau maître à massacrer les Séparatistes et la quasi-totalité des Jedi. Palpatine se proclame « Empereur de la galaxie » et confie à Vader la construction d'une superarme secrète : l'Étoile Noire.

0 AV. B.Y. : BATAILLE DE YAVIN
L'Alliance Rebelle décide de détruire l'Étoile Noire, dont elle a découvert un défaut de conception. Alors que la station spatiale impériale s'approche de la base secrète des Rebelles dans le système de Yavin, elle est interceptée par Luke Skywalker et ses compagnons d'armes (pp. 88-89). Recourant à la Force, Luke réussit un tir qui anéantit l'Étoile Noire et ne laisse qu'un survivant : Darth Vader. Même si la bataille de Yavin ne marque pas la fin immédiate de l'oppression impériale, on admet généralement qu'elle constitue l'un des tournants majeurs de l'histoire galactique.

3 AP. B.Y. : LUKE EST FORMÉ PAR YODA
Voulant suivre l'exemple de son père Jedi, Luke Skywalker – qui ignore la réalité de son hérédité – se rend sur Dagobah afin de recevoir l'enseignement du maître Jedi Yoda (pp. 94-95). Celui-ci apprend à Luke que « personne par la guerre ne devient grand » et que le but d'un Jedi est d'aider autrui. Luke interrompt prématurément sa formation quand des visions lui montrent ses amis en danger. Il se rend à Cloud City, dans le système de Bespin, pour une mission de sauvetage périlleuse, et affronte en combat singulier le redoutable apprenti Sith de l'Empereur, Darth Vader.

4 AP. B.Y. : BATAILLE D'ENDOR
Dans l'espoir d'anéantir la Rébellion, Palpatine fait en sorte que les Rebelles découvrent la seconde Étoile Noire en cours de construction autour de la lune forestière d'Endor. Comme il l'avait anticipé, les Rebelles entreprennent de détruire la station de combat avant qu'elle soit achevée, mais leur assaut manque d'échouer quand le superlaser de l'Étoile Noire s'avère opérationnel (pp. 106-107). Habile manipulateur, l'Empereur ne s'attend pourtant pas à tant de détermination de la part de Luke Skywalker qui est persuadé qu'Anakin Skywalker n'est pas totalement rongé par le mal.

3 AP. B.Y. Bataille de Hoth

4 AP. B.Y. Mort de l'Empereur. Mort d'Anakin Skywalker. Fondation de la Nouvelle République.

8 AP. B.Y. Mariage de Leia Organa et Han Solo

9 AP. B.Y. Campagne du grand amiral Thrawn

10 AP. B.Y. Résurrection de l'empereur Palpatine sous la forme d'un clone

11 AP. B.Y. L'Académie Jedi est fondée sur Yavin 4.

25 AP. B.Y. Les Yuuzhan Vongs envahissent la galaxie. Mort de Chewbacca.

29 AP. B.Y. Fin de la guerre des Yuuzhan Vongs

3 AP. B.Y. – 4 AP. B.Y. – 5 AP. B.Y. – 10 AP. B.Y. – 15 AP. B.Y. – 20 AP. B.Y. – 25 AP. B.Y. – 30 AP. B.Y.

LA GALAXIE

ELLE EST CONSTITUÉE de plusieurs milliards d'étoiles et son diamètre dépasse 100 000 années-lumière. Les premiers cartographes de l'hyperespace l'ont divisé en trois catégories : les régions, les secteurs et les systèmes. Les régions, de dimensions variables, se subdivisent en secteurs, auxquels correspondait, à l'origine, toute portion de l'espace comprenant 50 planètes habitées. Un système est constitué d'étoiles individuelles et des planètes qui orbitent autour, dont quelques-unes seulement sont vivables. Il existe plus d'un million de mondes habités, depuis les planètes désertiques jusqu'aux lunes forestières, en passant par des mondes de glace ou de lave et des planètes urbaines. L'invention de l'hyperdrive, voilà près de 25 000 ans, a permis à des milliers d'espèces intelligentes isolées d'entrer en contact, prélude à la création de la République galactique.

LA ZONE D'EXPANSION
L'exploitation de la plupart des planètes de la Zone d'Expansion a privé celles-ci de ressources naturelles. ***Circarpous V****, connue sous le nom de* ***Mimban****, est le monde natal des Coways, une race humanoïde souterraine.*

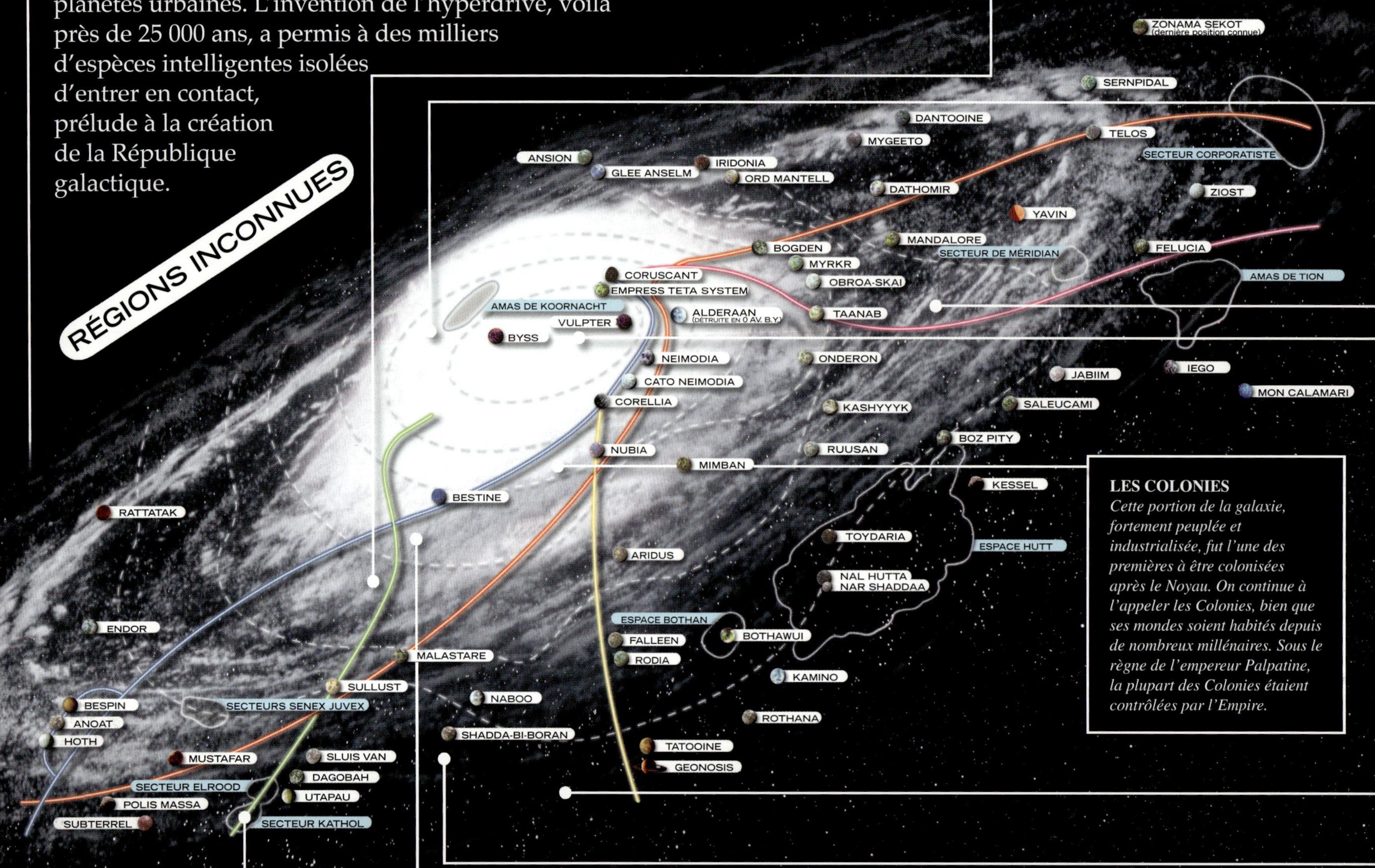

LES COLONIES
Cette portion de la galaxie, fortement peuplée et industrialisée, fut l'une des premières à être colonisées après le Noyau. On continue à l'appeler les Colonies, bien que ses mondes soient habités depuis de nombreux millénaires. Sous le règne de l'empereur Palpatine, la plupart des Colonies étaient contrôlées par l'Empire.

ROUTES COMMERCIALES

- VOIE HYDIENNE
- VOIE CORELLIENNE
- ROUTE COMMERCIALE DE RIMMA
- ROUTE COMMERCIALE DE PERLEMIA
- VOIE COMMERCIALE CORELLIENNE

ROUTES COMMERCIALES
La découverte de l'hyperespace a permis de voyager à des vitesses superluminiques, mais les premiers déplacements étaient périlleux car la moindre erreur de calcul entraînait la collision du vaisseau avec un objet de l'espace réel. Au péril de leur vie et moyennant de fortes primes, des éclaireurs ont ouvert des routes fiables à travers l'hyperespace. La route commerciale de Perlemia et la voie commerciale corellienne furent deux des premières voies ainsi ouvertes.

SUR LES BORDURES
À mesure que les Bordures furent colonisées, on les divisa en trois régions : l'Intérieure, la Moyenne et l'Extérieure. La planète ***Ruusan*** *(ill.) se situe dans la Bordure Moyenne.*

LES MONDES DU NOYAU

Les planètes les plus prestigieuses et les plus peuplées de la galaxie sont situées dans les Mondes du Noyau, région ancienne bordant le Noyau Sombre. Les archives attestent que Coruscant, la ville-planète surnommée « la perle des Mondes du Noyau » par les historiens, a toujours constitué le cœur de la galaxie civilisée. De nombreux humains pensent que leur espèce est originaire de Coruscant, mais aucune preuve archéologique n'a été trouvée ; si elle existe, elle est sans doute enfouie dans les fondations d'un quelconque gratte-ciel.

Réputée pour sa beauté préservée, **Alderaan** (ci-dessus) *était un centre artistique, démocratique, culturel et éducatif.*

Recouverte de gigantesques gratte-ciel et dépourvue de toute ressource naturelle, **Coruscant** (à g.) *est la planète la plus peuplée de la galaxie.*

La planète **Kashyyyk** *est le monde natal des Wookiees, qui ont édifié leurs vastes cités dans les branches de l'arbre wroshyr, haut de plusieurs kilomètres.*

LA BORDURE MOYENNE

Faute de ressources naturelles suffisantes, la Bordure Moyenne, vaste zone s'étendant entre les Bordures Intérieure et Extérieure, est moins peuplée et moins florissante que ses voisines. De plus, elle est sous-explorée, de nombreux pirates et contrebandiers y ayant élu domicile sur des planètes non répertoriées. Néanmoins, plusieurs planètes y connaissent une certaine prospérité économique et les perspectives existent pour ceux que le travail ne rebute pas.

LE NOYAU SOMBRE

Peuplé d'étoiles âgées, le Noyau Sombre, qui s'étend entre le Noyau et le centre de la galaxie, abrite un trou noir environné de grandes quantités d'antimatière et d'étoiles denses. Cette région a longtemps été considérée comme impénétrable, du fait que la trame de l'hyperespace y est perturbée par la formidable masse gravitationnelle exercée par tant d'étoiles.

La planète **Vulpter** *est ceinturée de débris spatiaux et sa surface polluée est presque entièrement bâtie.*

L'ESPACE SAUVAGE

Marquant la limite ténue entre la civilisation galactique et les Régions Inconnues, l'Espace Sauvage constitue la véritable frontière de la galaxie. Après la bataille d'Endor, le grand amiral Thrawn déclara le rattachement à l'Empire de cette zone largement inexplorée, mais l'Espace Sauvage demeure mystérieux. Au-delà, dans les Régions Inconnues, les tentatives d'exploration sont rares et peu fructueuses.

Le monde aquatique de **Kamino** *se trouve dans l'Espace Sauvage. Les Kaminoans chevauchent des cétacés volants nommés aiwhas, originaires de la planète Naboo mais peut-être créés par clonage.*

LA BORDURE EXTÉRIEURE

Aux franges de la galaxie, les territoires de la Bordure Extérieure sont une vaste région parsemée de systèmes stellaires étranges et inhospitaliers. En raison de leur éloignement des Mondes du Noyau, la plupart des planètes de la Bordure Extérieure n'avaient aucun lien avec la République. Sous le règne de l'empereur Palpatine, ils furent nombreux à subir des raids dévastateurs. En réaction à cette oppression, la plupart soutinrent l'Alliance Rebelle dans sa lutte courageuse contre l'Empire.

Mustafar *est un monde au volcanisme actif, sa surface rouge sang est parcourue par des fleuves de lave.*

TECHNOLOGIE SPATIALE

SABRES LASER
Universellement synonyme de chevalier Jedi, le sabre laser est constitué d'un rayon d'énergie pure, capable de transpercer presque toutes les matières. Le maître Jedi Mace Windu *(ci-dessus)* est considéré comme l'un des meilleurs sabreurs de l'Ancienne République.

SI UN GRAND NOMBRE de civilisations continuent à tout ignorer des robots, des vaisseaux spatiaux et des dispositifs antigravifiques, elles sont plusieurs millions à utiliser ces technologies depuis des millénaires. Les voyages interstellaires ayant ouvert le commerce galactique, des sciences venues de tous les horizons ont été combinées pour répondre aux besoins nouveaux. L'origine de la plupart des inventions s'est perdue, mais les traces historiques attestent que des armes à énergie ont été développées simultanément sur des mondes différents, certains érudits ajoutant que les toutes premières sont apparues sur Coruscant. Les historiens s'accordent sur le fait que les deux percées majeures furent le blaster et le voyage hyperspatial, et que l'HoloNet – un réseau capable de transmettre des messages holographiques dans toute la galaxie – a révolutionné les communications. Le développement de l'intelligence artificielle a également joué un rôle capital, nombre de tâches étant confiées à des droïdes, depuis les travaux domestiques jusqu'à l'astronavigation, en passant par la chirurgie, la traduction, la maintenance informatique et la guerre.

BOUCLIERS D'ÉNERGIE
Un bouclier d'énergie – ou bouclier déflecteur – est un champ de force défensif. Il en existe de deux types : les boucliers rayonnants qui absorbent radiations et étincelles de blaster, et les boucliers à particules qui repoussent les objets solides. Parfois utilisés pour défendre des bases planétaires, les boucliers d'énergie protègent plus fréquemment les vaisseaux spatiaux contre les radiations stellaires, les micrométéorites et le feu ennemi.

Sous la République, les Interceptors Jedi étaient les seuls chasseurs à ne pas disposer de générateurs de boucliers. Leurs pilotes se fiaient à la Force pour échapper au feu ennemi.

LA DÉFENSE DES GUNGANS
Sur Naboo, les Gungans ont déployé de puissants boucliers rayonnants pour repousser les lasers des vaisseaux de la Fédération du Commerce. Transportés à dos de wampas *(ci-dessous)*, les générateurs projetaient des rayons qui constituaient un champ d'énergie défensif. Toutefois, ces boucliers n'arrêtaient pas les objets à déplacement lent, et les droïdes parvinrent à les franchir pour affronter les Gungans.

VOYAGE HYPERSPATIAL
En voyageant à la vitesse de la lumière, il faudrait 100 000 ans pour traverser la galaxie. Cette durée est considérablement réduite par un saut dans l'hyperespace – la dimension de l'espace-temps qui tire parti des replis de l'espace réel. L'hyperdrive de Classe 0.5 qui équipe le *Faucon Millennium* *(ci-dessus)* est bien plus puissant que celui d'un bâtiment de l'Empire. De nombreux vaisseaux spatiaux disposent de moteurs hyperdrive de série et d'ordinateurs d'astronavigation. Les appareils subliminiques recourent, le cas échéant, à des hyperpropulseurs externes et à des droïdes astromecs programmés pour le saut hyperspatial.

RAYONS TRACTEURS
Les rayons tracteurs sont une autre application des champs de force. Émis par les astroports, les bases planétaires et les gros vaisseaux afin de faciliter l'atterrissage des vaisseaux, ils servent aussi à capturer les appareils ennemis : la première Étoile Noire *(à dr.)* disposant de 700 générateurs de rayons tracteurs, le *Faucon Millennium* ne pouvait pas lui échapper.

HOLOPROJECTEURS

L'holoprojecteur scanne un objet grâce à des lasers, réorganise la lumière et projette l'image du sujet en 3 dimensions. Ces hologrammes sont utilisés dans les communications, l'affichage d'informations et les loisirs. La plupart des holoprojecteurs sont équipés d'un enregistreur sonore. Le réseau de communications HoloNet permet des transmissions holographiques quasi instantanées.

BLASTERS

L'arme la plus commune dans la galaxie est le blaster, qui tire d'intenses rayons d'énergie capables de tuer. Il existe sous toutes les formes, depuis le pistolet compact jusqu'au canon des vaisseaux spatiaux.

VÉHICULES À RÉPULSEURS

Les unités de répulsion antigravitationnelle, ou répulseurs, équipent les véhicules terrestres et atmosphériques tels que landspeeders, airspeeders, speeder bikes et swoops. Parfois appelés moteurs à répulsion, les répulseurs émettent un champ qui repousse la gravité planétaire et exerce une poussée, ce qui permet à un engin de planer tout en se déplaçant.

Les droïdes astromecs à tête en forme de dôme sont utilisés pour la maintenance basique, les réparations urgentes et la navigation.

DROÏDES

Les droïdes, à l'intelligence artificielle plus ou moins développée, sont des systèmes robotiques communs dans les civilisations technologiques avancées. Certains possèdent des synthétiseurs vocaux et une allure humanoïde, mais la plupart communiquent via des langages de programmation et sont morphologiquement adaptés à leur tâche. Bien que fidèles et endurants, ils sont souvent considérés comme des outils, auxquels on dénie tout droit individuel.

Les droïdes de protocole, tels que K-3PO (à g.) *ou que C-3PO* (à dr.), *font souvent fonction de secrétaires et d'interprètes auprès de diplomates de haut rang.*

On trouve toutes sortes de droïdes, depuis l'ancien soldat jusqu'au médecin spécialiste.

L'ORDRE JEDI

CONÇU À L'ORIGINE comme un groupe d'études philosophiques, l'Ordre Jedi remonte aux débuts de la République, voilà plusieurs millénaires. Les premiers Jedi consacrèrent plusieurs siècles à la contemplation du mystérieux champ d'énergie qu'on appelle la Force. Devenus maîtres dans l'art de la manipuler, ils choisirent de mettre leur expertise au service du bien. Pendant 25 000 ans, les Jedi furent les garants de la paix dans la République, et leurs exploits devinrent légendaires. Parce que les émotions risquaient de les distraire de leur tâche ou de les conduire vers le côté obscur de la Force, leurs traditions ont évolué afin d'assurer la pérennité de l'Ordre : le mariage a été activement déconseillé et les initiés Jedi étaient recrutés avant l'âge de six mois. Sous la Nouvelle République, le Nouvel Ordre Jedi a renoncé à certaines de ces pratiques, mais l'engagement des Jedi au service de la paix et la justice dans la galaxie est resté intact.

JEDI POTENTIEL
Sous la République, on considérait qu'il était dangereux pour un Jedi de commencer sa formation à l'adolescence, période instable où il risquait de se tourner vers le côté obscur de la Force. Les recruteurs se concentraient sur les nouveaux-nés et sur les jeunes enfants dotés d'un taux élevé de midichloriens. Si la plupart des familles considéraient ces adoptions comme un honneur, certaines la refusaient et accusaient les Jedi de vols d'enfants.

Au Temple Jedi, la formation commençait dès l'enfance, avant que l'initié ait connu la peur et la colère.

CE QUE VEUT LA FORCE
Un taux élevé de midichloriens dans le sang indique le potentiel d'une personne à devenir Jedi ; celui qu'Obi-Wan Kenobi a découvert chez Anakin Skywalker était supérieur à celui de maître Yoda.

PRATIQUE DU SABRE LASER

Dans l'Ancienne République, les Jedi apprenaient à manier le sabre laser dès l'enfance. Ils commençaient avec des modèles de petite taille générant une « lame de sécurité » de basse intensité. Une fois les bases assimilées, les novices pratiquaient en portant des casques occultants *(ci-dessous)*. Guidés par leurs sensations, ils recouraient à la Force pour percevoir les sphères d'entraînement et dévier les étincelles d'énergie inoffensives qu'elles tiraient.

IMMENSE SAVOIR

Les Archives du Temple Jedi *(à dr.)* constituaient, sur Coruscant, la plus grande bibliothèque de la République galactique. Là, étaient entreposées des connaissances acquises au cours de nombreux millénaires, relatives à tous les mondes connus de la galaxie.

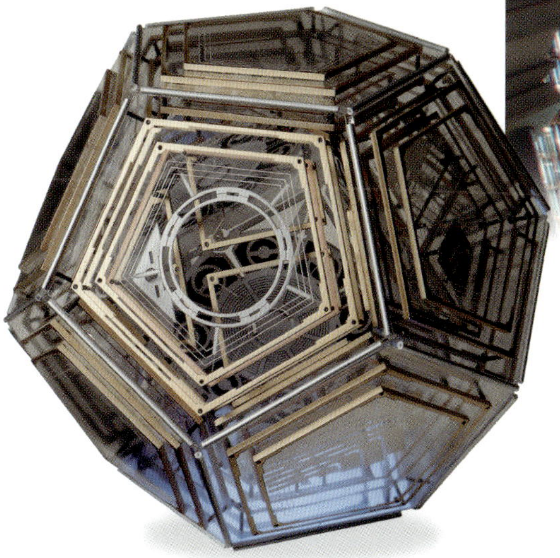

LE GRAND HOLOCRON

Les Holocrons Jedi renferment les enseignements de grands chevaliers et maîtres Jedi. Ils contiennent des secrets introuvables ailleurs dans les Archives et sont accessibles aux seuls Jedi. Le plus gros et le plus puissant est le Grand Holocron dodécaédrique *(ci-dessus)*.

DÉPLACEMENT D'OBJET

Lors de son duel contre le comte Dooku sur Géonosis *(à g.)*, Yoda arrête la chute de blocs rocheux grâce à la Force. Cette faculté de déplacer un objet à distance correspond à une manipulation de la Force, ce champ d'énergie qui baigne et lie toutes les choses entre elles. Les Jedi s'en servent pour pousser, tirer ou soulever un objet, mais aussi pour diriger des projectiles ou piloter leurs vaisseaux au combat.

JEDI ET MANIPULATIONS MENTALES

Grâce à la Force, un Jedi peut influencer le psychisme d'un être mentalement faible. Luke Skywalker *(ci-contre à dr.)* s'en est servi pour pénétrer dans le palais de Jabba et convaincre Bib Fortuna *(ci-contre à g.)* de le conduire à son maître. Les créatures à capacités mentales élevées, tels les Hutt et les Toydariens, sont immunisées contre ces manipulations.

ESPRITS JEDI

Le seigneur Sith Darth Plagueis découvrit qu'il pouvait se fondre dans la Force sans perdre sa conscience individuelle, mais le monde immatériel ne l'intéressait pas. Le maître Jedi Qui-Gon Jinn y parvint à son tour, puis il revint du néant afin de transmettre son savoir à Yoda et Obi-Wan Kenobi *(à g.)*.

LA FEMME SOMBRE

Parce qu'un Jedi ne doit rien posséder, An'ya Kuro se dépouilla de son nom pour devenir « la Femme Sombre ». Des décennies durant, elle se spécialisa dans la formation d'élèves que les autres Jedi jugeaient difficiles. Bien qu'elle découvrit et recruta Ki-Adi-Mundi à l'âge de quatre ans pour le former, ses méthodes d'enseignement peu orthodoxes la rendirent impopulaire au sein du Conseil Jedi.

Attaché aux traditions de l'Empire Sith, Ludo Kressh (ci-dessus) *tenta de barrer la route du pouvoir à Naga Sadow.*

LES SITH

AUX PREMIERS TEMPS de la l'Ancienne République, certains Jedi se tournèrent vers le côté obscur de la Force. Ces « Jedi Noirs » furent vaincus par leurs anciens alliés et s'enfuirent aux marges de la galaxie, où ils conquirent une espèce puissante mais malléable, les Sith. Traités comme des dieux par leurs nouveaux sujets, les Jedi en exil se proclamèrent les seigneurs des Sith. Ils édifièrent un vaste empire qui s'étendit sur nombre de mondes et d'espèces vivantes. Cinq mille ans avant la bataille de Yavin, une lutte de pouvoir opposa deux seigneurs Sith, Naga Sadow et Ludo Kressh, et ramena les Sith – et leur sombre savoir – dans l'espace de la République.

NAGA SADOW

Contrairement à Ludo Kressh, Naga Sadow *(à dr.)* ne se contentait pas de régner sur les Massassis, une forme évoluée de l'espèce Sith originelle. Il pensait que les Sith étaient appelés à gouverner la galaxie. Dans le but de réintégrer l'espace de la République, il tenta de s'emparer de plusieurs planètes républicaines. Il échoua et dut se poser sur Yavin 4, une lune forestière, où son équipage et leurs descendants édifièrent des temples imposants.

ZIOST

Planète sombre et glaciale, Ziost fut le cœur de l'Empire Sith, une forteresse où se rencontraient les seigneurs Sith avant la scission provoquée par le refus de Ludo Kressh de voir Naga Sadow à leur tête. Les tentatives d'invasion de la République par Sadow déclenchèrent les premiers conflits entre Sith et Jedi. Au fil des millénaires, de nombreux Jedi déchus étudièrent les sombres pratiques des seigneurs Sith.

LA VALLÉE DES SEIGNEURS NOIRS

Sur la planète Korriban, dans le système d'Horuset, la vallée des Seigneurs Noirs est bordée de vastes temples qui abritent les momies de nombreux seigneurs Sith. Ces tombes lugubres sont baignées par l'énergie sombre, et l'esprit des défunts peut être capté par des êtres sensibles à la Force afin qu'ils révèlent les secrets des Sith. L'empereur Palpatine, le seigneur Sith qui dirigeait la République, se rendait fréquemment à cette nécropole afin d'approfondir ses connaissances.

BOMBE MENTALE

Les Sith ont la capacité d'agir sur la Force pour lui donner une forme explosive, mais ils recourent rarement à cette « bombe mentale », du fait de son aspect suicidaire. Lors de la bataille de Ruusan, le seigneur Kaan et sa Confrérie des Ténèbres tentèrent de créer une bombe qui tuerait seulement les Jedi, mais l'énergie vitale des Sith fut aspirée avec celle des Jedi pour former un sombre ovale.

Sur Ruusan, le seigneur Sith Githany fut détruit par la bombe de Kaan.

POUVOIRS SITH

Bien que la Force donne aux Jedi et aux Sith des pouvoirs similaires, seuls les Sith sont capables de produire les « éclairs Sith », décharges d'énergie mortelle qui causent une douleur effroyable et contre lesquelles même les plus puissants maîtres Jedi peinent à lutter. Les seigneurs Sith peuvent également recourir à la Force pour étrangler leurs ennemis à distance.

En pleine possessiaon de ses sombres pouvoirs, le comte Dooku (ci-dessous), *ex-Jedi devenu Sith, soulève à distance et étrangle le Jedi Quinlan Vos* (à g.), *tout en s'emparant de son sabre laser.*

Dooku déclenche les effrayants éclairs Sith (à dr.).

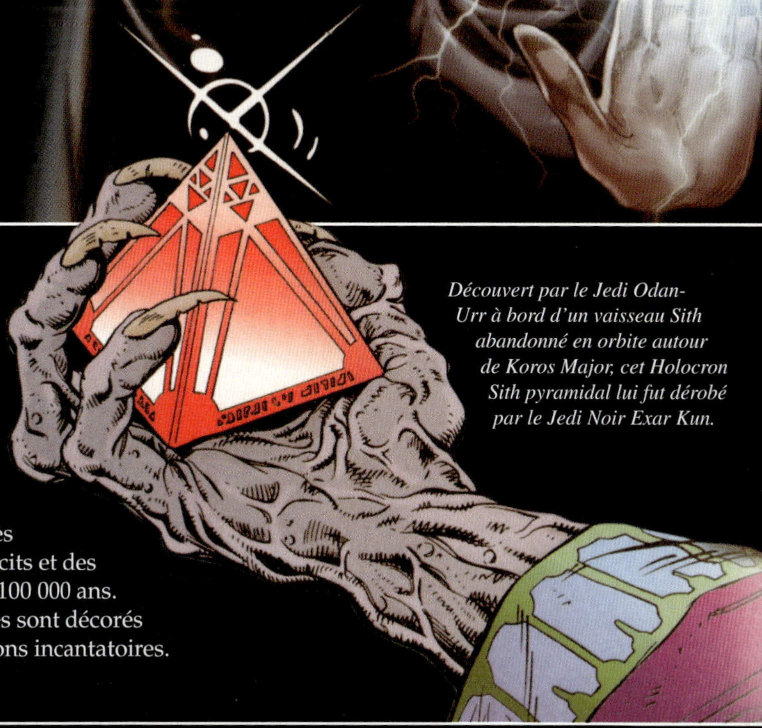

Découvert par le Jedi Odan-Urr à bord d'un vaisseau Sith abandonné en orbite autour de Koros Major, cet Holocron Sith pyramidal lui fut dérobé par le Jedi Noir Exar Kun.

L'HOLOCRON SITH

Tout comme les Jedi, les Sith stockent leur savoir dans des Holocrons. Uniquement accessibles aux Seigneurs Noirs (ou Seigneurs Sombres), les Holocrons Sith renferment des récits et des traditions oubliés depuis plus de 100 000 ans. Les plus anciens exemplaires sont décorés d'inscriptions incantatoires.

L'ANCIENNE RÉPUBLIQUE

PENDANT PRÈS DE 25 000 années standard, l'Ancienne République a unifié démocratiquement des milliers de mondes, dont les représentants élus siégeaient au Sénat, rédigeant et ratifiant des lois, des pactes et des traités en faveur de la paix et de la prospérité dans la galaxie. Quand la diplomatie échouait, la République faisait appel aux chevaliers Jedi pour la défendre et négocier en son nom. Les adversaires les plus redoutables des Jedi étaient les seigneurs Sith qui s'étaient tournés vers le côté obscur de la Force. Le maître Jedi Yoda, contemporain des derniers temps de la République, a assisté au déclin de la démocratie à mesure que la corruption et la lâcheté en rongeaient les fondements, ainsi qu'à la réémergence des Sith venus tirer profit du chaos.

LA GRANDE GUERRE DES SITH

En l'an 5000 avant B.Y., l'impératrice guerrière Teta régnait sur un vaste système interplanétaire. Elle aida les Jedi à vaincre le seigneur Sith Naga Sadow, mais ses descendants – les cousins Satal Keto et Aleema – créèrent une société secrète Sith, les Kraths.

CINQ MILLE ANS avant la bataille de Yavin, les Jedi, alliés pour l'occasion aux armées de l'impératrice Teta, empêchèrent le seigneur Sith Naga Sadow d'envahir la République. Un millénaire plus tard, le chevalier Jedi Exar Kun, qui a étudié les pratiques Sith, s'abandonne au côté obscur. Il s'allie aux Kraths, une société qui vénère les Sith dirigée par des descendants de l'impératrice Teta. De plus, il prend pour apprenti le Jedi Ulic Qel-Droma. En 3996 avant la bataille de Yavin, ils tentent de conquérir Coruscant, lors de ce qu'on appellera la Grande Guerre des Sith. Peu après la disparition de Kun, que Qel-Droma a fini par trahir, ses successeurs Sith parviennent presque à éradiquer l'Ordre Jedi (pp. 28-29). Trente siècles plus tard, en l'an 1000 avant la bataille de Yavin, les Sith seront pratiquement exterminés lors d'une série de combats sur Ruusan.

Ulic Qel-Droma

Ulic Qel-Droma, le Jedi déchu, joue un rôle clé dans la Grande Guerre des Sith. Chargé par les Jedi d'infiltrer et éliminer les Kraths qui menacent d'envahir le territoire de l'impératrice Teta, il se laisse séduire par eux et s'allie au seigneur Sith Exar Kun. À la tête des armées kraths, il remporte de nombreuses victoires, jusqu'à ce que, sur la planète Ossus, il affronte son propre frère, Cay, et le tue. Vaincu par les Jedi et rongé par le remords, Qel-Droma s'exile.

ODAN-URR
Odan-Urr *(ci-dessus)*, l'érudit Jedi, est tué sur Ossus par le seigneur Sith Exar Kun, quand celui-ci dérobe un ancien Holocron Sith dans la bibliothèque Jedi qu'Odan-Urr avait fondée en 5000 avant la bataille de Yavin, peu après avoir aidé l'armée de l'impératrice Teta à repousser l'invasion de la planète Kirrek par les Sith.

NOMI SUNRIDER
En le rendant aveugle à la Force, la Jedi Nomi Sunrider prive Ulic Qel-Droma de ses pouvoirs, jouant un rôle clé dans la défaite du Jedi déchu sur Ossus. Sunrider s'est familiarisée avec la Force après que son époux Jedi, Andur, ait été assassiné, la laissant seule pour défendre leur petite fille. Selon le vœu d'Andur, Nomi devint une Jedi puissante et célèbre.

DARTH BANE

Mille ans après la Grande Guerre des Sith, Darth Bane *(ci-dessous)* est initié au côté obscur de la Force par le seigneur Qordis puis, deux millénaires durant, il s'efforce de prendre la tête de tous les seigneurs Sith. Après la destruction d'une armée Sith à la bataille de Ruusan, Bane comprend qu'un trop grand nombre d'individus se partagent le côté obscur, ce qui l'affaiblit. Il décrète donc que deux Sith seulement peuvent coexister : un maître et son apprenti. Il assigne l'Ordre à la clandestinité et décrète que ses successeurs porteront tous le nom de Darth.

Ayant survécu à une tentative d'assassinat, Darth Bane, à bord de son vaisseau, le Valcyn, *rejoint l'armée des seigneurs Sith sur la planète Ruusan.*

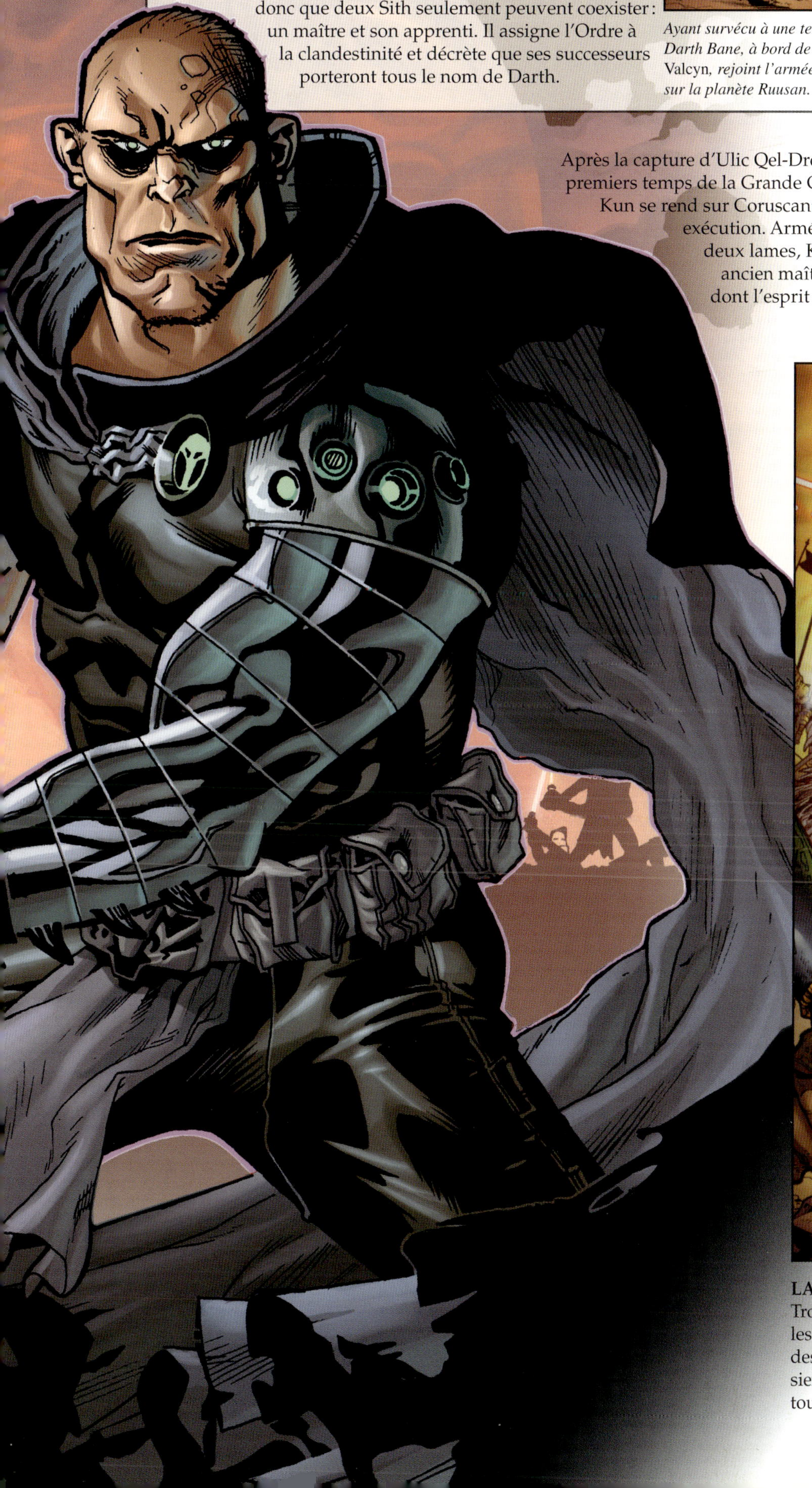

DUEL AU SÉNAT

Après la capture d'Ulic Qel-Droma par les Jedi, aux premiers temps de la Grande Guerre des Sith, Exar Kun se rend sur Coruscant pour empêcher son exécution. Armé de son sabre laser à deux lames, Kun triomphe de son ancien maître, Vodo-Siosk Baas, dont l'esprit survivra en tant que gardien d'Holocron.

LA BATAILLE DE RUUSAN

Trois mille ans après la défaite d'Exar Kun, le seigneur Hoth dirige les chevaliers Jedi face à l'armée du seigneur Sith Kaan, la Confrérie des Ténèbres, sur Ruusan. Pour triompher des Jedi, Kaan et les siens se suicident en utilisant une « bombe mentale » qui détruit toute créature sensible à la Force présente dans son rayon d'action.

LES GUERRES MANDALORIENNES

QUELQUES DIZAINES D'ANNÉES après qu'Exar Kun ait perdu la Grande Guerre des Sith, la galaxie est à nouveau menacée : sous la conduite de Mandalore l'Ultime, les belliqueux clans mandaloriens profitent du manque de détermination du Conseil Jedi pour s'emparer de planètes importantes, ce qui pousse certains Jedi à riposter par la violence. Plusieurs Maîtres Jedi ont une vision dans laquelle l'un de leurs propres padawans incarne le retour des Sith. Menés par le Maître Lucien Draay, ils entreprennent de tuer tous les apprentis avant que la menace ne se précise — mais l'un d'eux leur échappe : fuyant ses anciens professeurs, le padawan Zayne Carrick se cache parmi les hors-la-loi, cependant que les brasiers mandaloriens font rougeoyer la galaxie.

MANDALORE L'ULTIME
Ayant combattu dans la Grande Guerre des Sith, ce guerrier a récupéré le casque et le titre de Mandalore après que leur propriétaire ait été dévoré par des bêtes sauvages. Fin stratège, Mandalore l'Ultime transforme les Mandaloriens nomades en Néo-Croisés, une nouvelle puissance qui pèsera sur le destin de la galaxie.

Scientifique dévoyé, Demagol aide les Mandaloriens à tester de nouvelles armes sur des cobayes vivants. Dans l'espoir de percer les secrets de la Force, il torture des captifs Jedi.

ROHLAN DYRE
Officier des shocktroopers mandaloriens, Rohlan Dyre est renvoyé au front en guise de punition pour avoir déserté. Il s'évade pour se rallier à Zayne Carrick et ses étranges compagnons, auxquels il sauvera la vie à plusieurs reprises, grâce à sa parfaite connaissance des stratégies mandaloriennes.

LE MAÎTRE JEDI LUCIEN DRAAY
Né de parents Jedi influents sur Coruscant, Lucien Draay est un membre clé de l'Alliance Jedi, qui prévoit le retour des Sith sous l'aspect d'un padawan. Après avoir orchestré le massacre des apprentis Jedi sur Taris, Lucien Draay se donne pour mission de pourchasser le seul rescapé – Zayne Carrick, son propre élève –, malgré l'avis du Conseil Jedi.

ASSAUT MANDALORIEN
Les armées mandaloriennes frappent des cibles clés de la République. Leur arsenal comprend des coursiers blindés montés par des pilotes shocktroopers. Les Mandaloriens harcèleront la République jusqu'à leur défaite finale à la bataille de Malachor V, dont les survivants constitueront les Mercenaires Mandaloriens.

Marn « Gryph » Heirogryph est un truand snivvien. Son sort se trouve lié à celui de Zayne quand ils se voient co-accusés du massacre des padawans.

DE JUSTESSE
Arrêté à tort pour l'assassinat des padawans, Zayne Carrick échappe à une fin tragique grâce à ses nouveaux amis, qui l'arrachent au sanctuaire Jedi sur Taris.

Vivant dans la Basse-Ville de Taris, Jarael connaît des aventures palpitantes avec Zayne Carrick à bord du vaisseau Dernier Recours.

ZAYNE CARRICK
Zayne Carrick n'est pas le plus talentueux des padawans, mais grâce à sa chance insolente il ne connaît pas le même sort que ses pairs. Fuyant les Jedi, Zayne s'allie à d'étranges camarades de rencontre, avec lesquels il se lance dans une quête de justice.

L'ESSOR DES SEIGNEURS NOIRS

QUATRE MILLE ANS standard avant l'Empire, Darth Malak, dernier survivant des apprentis du Seigneur Noir Revan, lâche une armada Sith sur la galaxie. D'innombrables chevaliers Jedi meurent au combat et de nombreux autres jurent allégeance à leur nouveau maître Sith. Le conflit manque d'éradiquer l'Ordre Jedi, et la République vacille. Après cinq ans de lutte, les Sith pensent avoir supprimé ou rallié à leur cause la plupart des Jedi. Le seigneur Sith Darth Nihilus, déterminé à assurer la suprématie des Sith, ordonne alors à ses sbires de supprimer les Jedi jusqu'au dernier.

ARMURES DE COMBAT
Un chevalier Jedi revêtu d'une armure d'ombre baragwin se joint à Bastila Shan contre un soldat Sith en armure. On crédite Shan d'avoir réussi à séparer Darth Malak et Darth Revan, ce qui permit aux Jedi de capturer Revan.

INCERTITUDES HISTORIQUES
Les archives divergent quant au déroulement de ce tumultueux conflit. Selon une version, le seigneur Sith Darth Nihilus fut tué à bord de son vaisseau, le *Ravager*, par la servante nommée Brianna. Une autre source prétend que la Jedi Visas Marr contribua à la mort de Nihilus, cependant, selon d'autres documents, c'est Marr qui fut tuée par le seigneur Sith.

Darth Nihilus, *le seigneur de la Faim, est un survivant des Guerres Mandaloriennes. Il conquit des mondes entiers.*

La servante*, dont le nom de baptême est* **Brianna**, *est une assistante du maître Jedi Atris. C'est une combattante exceptionnelle.*

Darth Sion, *le seigneur de la Douleur, est l'apprenti Sith de Darth Nihilus. C'est la haine qui assure sa cohérence corporelle.*

Visas Marr *est une Jedi. Étant miraluka, elle est aveugle, mais, grâce à la Force, elle peut voir les entités proches, même à travers les murs.*

Bao-Dur *est un Zabrak dont le monde natal fut pulvérisé par Darth Malak. Il aide les Jedi et est potentiellement sensible à la Force.*

Atton « Jaq » Rand *est un ex-pilote d'élite qui traquait les Jedi pour les Sith. Vétéran des Guerres Mandaloriennes, il est sensible à la Force.*

LA LUNE DE DXUN
Les Guerres Mandaloriennes débutèrent en 3995 avant la bataille de Yavin sur Dxun, le principal satellite naturel de la planète Onderon. La défaite des Mandaloriens leur causa de lourdes pertes.

CHASSEUR DE PRIMES CONTRE SITH
Chasseuse de primes basée sur la planète Nar Shaddaa, Mira *(ci-dessus à g.)* apprend à domestiquer la Force. Portant à son poignet une arme capable de tirer des roquettes, des flèches et des grenades, elle combat un assassin Sith *(à dr.)* à l'Académie Sith de la planète Korriban.

TELOS
Ravagée pendant la guerre par des bombardements Sith, la planète Telos fait l'objet d'une gigantesque entreprise de réhabilitation coordonnée par les Ithoriens dont l'expertise en matière de restructuration planétaire n'est plus à démontrer. Sous la calotte glaciaire du pôle Nord, le maître Jedi Atris dirige un centre secret de formation de Jedi.

JEDI GARANTS DE LA PAIX

Près d'un millénaire après la bataille de Ruusan, la République s'est considérablement étendue. Dans de nombreuses régions de la galaxie, des chevaliers Jedi, à la fois diplomates et guerriers, rendent la justice en toute liberté. Bien qu'il n'utilise jamais ses pouvoirs à mauvais escient, la seule présence d'un négociateur Jedi incite les factions rivales à la bonne volonté. En dépit de leur réputation de garants de la paix, certains – dont le comte Dooku, maître Jedi – considèrent que leur Ordre s'est transformé en un vulgaire service de sécurité au service du Sénat.

LE COMTE DOOKU
Célèbre instructeur de sabre laser, il pense que la République est corrompue et que le Conseil Jedi se soucie davantage de politique que de justice.

LA GUERRE HYPERSPATIALE DE STARK
Douze ans avant la bataille de Naboo, le Cartel Commercial de Stark – regroupant des pirates et des contrebandiers de la Bordure Extérieure – défie ouvertement la Fédération du Commerce des Neimoidiens en menaçant de s'emparer de la production de bacta. On fit appel aux Jedi pour mener les négociations entre le Cartel et la Fédération. C'est grâce à Qui-Gon *(ci-contre, au centre)* que le dirigeant neimoidien Nute Gunray *(ci-contre, à g.)* a la vie sauve.

CRISE MANDALORIENNE
En 44 avant la bataille de Yavin, le maître Jedi Dooku reçoit pour mission de mener une équipe de chevaliers Jedi *(ci-contre, en bas)* contre les Mandaloriens *(ci-contre, en haut)* sur la planète Galidraan. La confrontation ne laisse qu'un survivant mandalorien, contre plus de la moitié des Jedi. Dooku n'oubliera jamais cet unique rescapé, un homme appelé Jango Fett dont les capacités sont telles qu'il peut affronter plusieurs Jedi à mains nues.

MORT D'UNE JEDI
Suite à un appel de détresse de la Jedi Mana Veridi, le maître Jedi Qui-Gon Jinn et son apprenti padawan, Obi-Wan Kenobi, se rendent sur la planète Kwannot où ils sont attaqués par Aurra Sing *(ci-dessous, à dr.)*, ex-élève renégate de la Femme Sombre, qui n'aime rien tant que tuer des Jedi. Ils arrivent trop tard pour sauver Mana Veridi, à qui Aurra Sing vole l'arme pour sa collection personnelle avant de disparaître.

MAÎTRE DU SABRE LASER
Même s'ils sont formés pour privilégier la négociation pacifique, les Jedi sont autorisés à passer à l'action en cas de nécessité. Mace Windu est non seulement l'un des plus anciens membres du Conseil Jedi, mais c'est aussi un expert du sabre laser. Il est un maître de la Forme VII, laquelle s'approche dangereusement des pratiques des combattants Sith.

Lors de la guerre hyperspatiale de Stark, Quinlan Vos a combattu au côté de son professeur, le maître Jedi Tholme.

QUINLAN VOS ET AAYLA SECURA
Le maître Jedi Tholme et son apprenti, Quinlan Vos, arrivent sur la planète natale des twi'leks, Ryloth, à la recherche d'un trafiquant d'animaux. Au domicile de Lon Secura, chef de clan, Quinlan reçoit un appel de détresse mental émanant d'une jeune twi'lek sensible à la Force. Vos *(ci-contre à dr.)* arrive à temps pour sauver la nièce de Lon Secura, Aayla *(ci-contre à g.)*, des griffes d'un wampa, et Tholme réussit à identifier le trafiquant. Aayla les suit au Temple Jedi de Coruscant, où elle commence sa formation de Jedi.

ÉPREUVE SUR ORD MANTELL
Ayant rencontré deux savrips à bord d'un cargo abandonné dont l'équipage a été massacré, Qui-Gon et Obi-Wan se rendent sur la planète d'origine des monstres, Ord Mantell, pour comprendre la raison de leur présence à bord de l'épave. L'enquête qui s'ensuit apprendra à Obi-Wan qu'il existe de pires tueurs que les savrips reptiliens.

UNE RÉPUBLIQUE DÉMOCRATIQUE

PARMI LES MILLIONS de mondes habités qui composent la galaxie, plusieurs milliers font partie de la République galactique et leurs représentants siègent au Sénat sur la planète-cité Coruscant. Le dirigeant élu de la République est le Chancelier suprême qui ne peut exercer que deux mandats consécutifs de quatre ans. Agissant en accord avec lui, le Grand Conseil Jedi a toute autorité sur les Jedi et leur rôle dans les affaires de la République. En dépit des efforts du Sénat pour maintenir l'ordre par la diplomatie, certains sénateurs pensent que la République a besoin d'une armée officielle et puissante, afin de défendre les mondes de la République contre la menace croissante que représente la piraterie interplanétaire.

LE MAÎTRE JEDI YODA

Siégeant depuis longtemps au Conseil Jedi, Yoda a commencé sa carrière de Jedi un siècle environ après que Darth Bane ait plongé l'Ordre Sith dans la clandestinité. Il a toujours pensé que l'apprentissage des Jedi doit commencer dès la plus petite enfance et refuse qu'on traite les Jedi de « kidnappeurs ». Après avoir fait de Ki-Adi-Mundi un chevalier, Yoda a cessé d'être un instructeur de padawan pour entrer au Temple Jedi, où il forme de jeunes initiés à la Force.

LE TEMPLE JEDI
Le Temple Jedi de Coruscant est au centre de toutes les activités des Jedi. Grâce aux puissantes antennes qui surmontent ses cinq tours, il est en contact permanent avec les chevaliers Jedi en mission.

LA CHAMBRE DU CONSEIL JEDI
Située au sommet de la flèche centrale, la Chambre du Conseil est le lieu de méditation primordial des Jedi. Les douze fauteuils, disposés en cercle et équipés d'holoprojecteurs destinés à diffuser l'image des membres absents, sont réservés aux Jedi du Grand Conseil.

LE GRAND CONSEIL JEDI
Après avoir fait la preuve de leurs capacités à servir la paix et la justice, les 12 membres du Grand Conseil Jedi mettent la Force au service de la République. La plupart sont des maîtres Jedi, dont certains sont génétiquement sensibles à la Force.

Avec Yoda, Mace Windu *est le plus ancien membre du Conseil.*

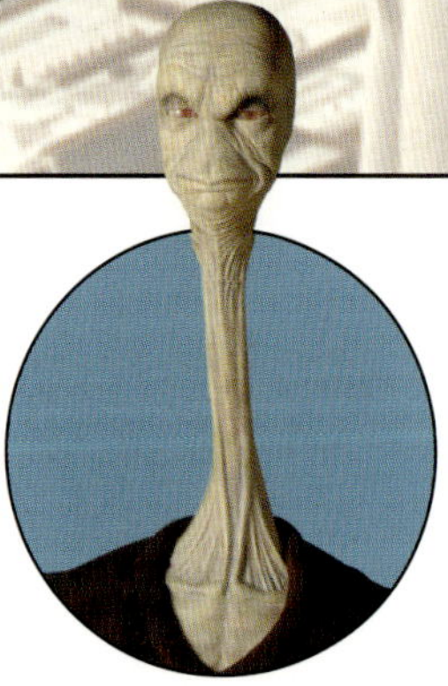

Le Quermien Yarael Poof *est un spécialiste des pouvoirs mentaux Jedi.*

Le Kel Dor Plo Koon *peut modifier l'environnement pour créer le brouillard ou la glace.*

Naturellement télépathe, l'Iktotchi Seasee Tiin *est un grand pilote.*

*Ses cicatrices de guerre disent bien qu'*Even Piell *est un guerrier Lannik.*

SÉNATEUR MILITARISTE
Ranulph Tarkin, sénateur de la planète-usine Eriadu, milite pour la création d'une armée républicaine. Assoiffé de pouvoir, il aspire à diriger la République. À l'insu du Sénat, il rassemble une flotte et une armée préfigurant celles de la République et attaque les forces pirates d'Iaco Stark dans le système de Troiken. Tarkin y perdra la vie, mais les membres de sa famille parviendront à faire croire qu'il a vécu et est mort en héros.

Ranulph Tarkin meurt durant la guerre hyperspatiale de Stark. Parmi ses descendants figurera le non moins ambitieux Wilhuff Tarkin.

VALORUM ET PALPATINE
L'un des plus anciens alliés politiques du chancelier suprême Finis Valorum *(ci-contre à g.)* est le sénateur Palpatine de Naboo *(ci-contre à dr.)*. Afin de soulager la dette fiscale de la République et de contrer la Fédération du Commerce, Palpatine suggère à Valorum d'instaurer une taxe sur le commerce dans les Bordures Moyenne et Extérieure.

LE SÉNAT GALACTIQUE
Le Chancelier suprême se tient au centre de la Grande Rotonde du Sénat, que tapissent les 1 024 plateformes à répulseurs où les délégués des mondes de la République prennent leurs décisions.

L'allée qui mène au Sénat est décorée de statues monumentales représentant les fondateurs des Mondes du Noyau.

Adi Gallia *est une humaine aux forts pouvoirs intuitifs.*

La Chalactane Depa Billaba *fait autorité en matière de spiritualité.*

Le Thisspiasien Oppo Rancisis *est un fin stratège.*

N'étant pas encore un maître Jedi, Ki-Adi-Mundi *est le seul chevalier du Conseil.*

Yaddle, *qui a formé Oppo Rancisis, est une grande érudite.*

Le Zabrak d'Iridonia Eeth Koth *a formé le Jedi tusken Sharad Hett.*

MAÎTRE ET APPRENTI

Avant Darth Maul, les seigneurs Sith portaient déjà des tatouages sur le front, mais lui s'en est recouvert le visage.

SUIVANT L'EXEMPLE de Darth Bane après la bataille de Ruusan, le seigneur Sith Darth Sidious n'a qu'un seul apprenti, Darth Maul. Ce Zabrak de la planète Iridonia est sensible à la Force et aurait tout aussi bien pu être recruté par les Jedi. Les Zabraks sont réputés pour leur discipline mentale et leur résistance naturelle à la douleur. Sidious a développé ces capacités à leur paroxysme chez Maul dont il est le seul à connaître l'existence. Contrairement à ses prédécesseurs, Maul n'a aucune envie de détrôner son maître. Sidious attend que vienne l'heure pour les Sith de réapparaître au grand jour pour se venger des Jedi.

UN MAÎTRE CRUEL
Pour Darth Sidious, Darth Maul n'est ni un ami ni un complice, mais un simple outil docile. Maul a hâte de tuer son premier Jedi, mais il ne fera pas un geste sans l'accord de son maître.

FORMATION D'UN SITH

Conformément aux instructions de son maître, Darth Maul s'entraîne sur Coruscant et sur divers autres mondes, en vue du jour où il affrontera les Jedi. C'est ainsi que, dans la Bordure Extérieure, il survit tout un mois face à une légion de droïdes tueurs. Sur la planète Dorvalia, il a l'occasion de manier son sabre laser à double lame contre des adversaires vivants. Mais, c'est lors d'un duel contre son propre maître que Darth Maul s'ouvre au côté obscur et devient véritablement un seigneur Sith.

ARSENAL SITH
C'est en s'inspirant de l'Holocron Sith de son maître que Darth Maul élabore ses engins et ses armes. Son sabre laser à double lame, inspiré de l'arme du seigneur Sith Exar Kun, est en fait constitué de deux sabres laser aux manches soudés. Il lui tarde de le tester contre les Jedi.

Darth Sidious dévoile à son apprenti l'Infiltrator Sith, un courrier stellaire grandement modifié, équipé d'un hyperdrive puissant, d'armes étranges et d'un camouflage d'invisibilité.

OPPOSITION SUPPRIMÉE

Six mois avant la bataille de Naboo, Darth Sidious envoie Darth Maul frapper Soleil Noir, une association criminelle en pleine expansion qui pourrait nuire à ses projets. À bord de son nouvel Infiltrator Sith, Maul localise la base du dirigeant de Soleil Noir, Alexi Garyn. Il est attendu par des officiers qui, trop sûrs de pouvoir tenir tête à un Sith, le paient tous de leur vie.

SŒUR DE LA NUIT

Garde du corps attitrée de Garyn, Mighella est une sorcière de Dathomir, ou Sœur de la Nuit, et maîtrise donc le côté obscur de la Force. Face à Darth Maul, elle dégaine une épée active puis lance des éclairs de la Force, mais elle comprend un peu trop tard qu'elle a affaire à un seigneur Sith qui lui est supérieur, et il l'abat d'un coup de sabre laser.

Darth Maul tue Mighella.

MISSION ACCOMPLIE

Sensible dès l'enfance à la Force mais trop âgé pour commencer une formation de chevalier Jedi, Alexi Garyn choisit la voie qui devait le conduire à prendre la tête de Soleil Noir. Darth Maul l'ayant tué, personne ne se dresse plus devant le dirigeant – chef de Soleil Noir, le Prince Xizor.

Ayant neutralisé Soleil Noir, Darth Maul regagne Coruscant et se prépare à une nouvelle mission.

LE BLOCUS DE NABOO

Nute Gunray proteste contre l'arrivée d'ambassadeurs sur Naboo : selon lui, le blocus est légitime.

PRINCIPALE SOCIÉTÉ COMMERCIALE de la galaxie, la Fédération du Commerce contrôle la plupart des voies marchandes de l'espace de la République. Dirigée par les Neimoidiens, elle s'est enrichie au détriment des systèmes lointains des Zones de Libre-échange où le commerce échappait au contrôle de la République. Quand le Sénat décida de taxer ces zones « libres », les Neimoidiens conçurent un plan visant à s'emparer non seulement des routes commerciales mais aussi des planètes. Ceinturant Naboo avec leurs vaisseaux de guerre, ils la menacèrent d'un embargo total, à moins que la reine Amidala ne signe un traité les autorisant à occuper sa planète.

LE COMPLOT NEIMOIDIEN

Persuadés de pouvoir envahir Naboo avant que le Sénat ne réagisse, les Neimoidiens n'avaient pas prévu que le chancelier suprême Valorum leur enverrait deux ambassadeurs, Qui-Gon Jinn et Obi-Wan Kenobi. Couards de nature, les Neimoidiens contactent Darth Sidious, le coresponsable du blocus. Le Seigneur Noir enjoint au vice-roi neimoidien Nute Gunray de tuer les Jedi et lui assure qu'il légalisera le blocus.

L'ATTAQUE DES DROÏDES

À peine à bord du vaisseau de guerre de Gunray, les Jedi sont pris sous le feu des blasters des droïdes de combat de la Fédération du Commerce. Qui-Gon et Obi-Wan s'en débarrassent, mais des droïdekas équipés de boucliers déflecteurs les obligent à se cacher. Bientôt, les Jedi découvrent que la Fédération projette d'envahir Naboo avec une armée droïde.

Obi-Wan et Qui-Gon se cachent dans un appareil de la Fédération du Commerce pour contacter les Naboos. Sur la planète, ils rencontrent Jar Jar Binks, un Gungan en exil.

OTOH GUNGA

Jar Jar guide les Jedi jusqu'à la cité sous-marine d'Otoh Gunga. Consituée de bulles hydrostatiques, elle abrite le peuple des Gungans. Leur dirigeant, Boss Nass, accepte de prêter un sous-marin à Qui-Gon et Obi-Wan pour qu'ils puissent gagner Theed City.

L'ENTOURAGE D'AMIDALA
Âgée de 14 ans, la reine Amidala n'est pas la plus jeune souveraine de l'histoire de la monarchie démocratique de Naboo, mais c'est l'une des plus appréciées. Ses servantes, confidentes dévouées qui l'accompagnent partout, sont aussi des gardes du corps secrets, capables de se faire passer pour Amidala en cas de danger.

SAUVETAGE DE THEED
Bâtie sur un haut plateau où la rivière Solleu se change en cataractes, Theed City est le centre culturel de Naboo. Son plus vaste bâtiment est le Palais Royal de la reine Amidala. Guidé par Jar Jar, le sous-marin des Jedi émerge non loin du Palais. Délivrant la reine et ses protecteurs des griffes de la Fédération du Commerce, ils s'enfuient à bord du vaisseau spatial d'Amidala.

Quittant Otoh Gunga sous la surveillance du capitaine Tarpals, le maladroit Jar Jar Binks a été condamné à l'exil après avoir détruit le sous-marin préféré de Boss Nass.

LES GUNGANS
Natifs de Naboo, les Gungans sont une espèce intelligente et respectueuse de la nature, ce qui se traduit par leur usage raisonné des énergies naturelles et leur technologie organique. Héritiers d'une longue tradition guerrière, les Gungans sont toujours prêts à se défendre. Ils pensent que les Naboos les considèrent comme des créatures primitives et ils se méfient des humains.

LA FUITE DE NABOO
Pour se rendre sur Coruscant afin de demander au Sénat d'aider Naboo, Amidala prend place à bord de la Nef Royale. Équipé de boucliers déflecteurs mais désarmé, l'élégant vaisseau est très vulnérable.

HÉROÏQUE ASTROMEC
Les tirs ennemis ont endommagé le générateur de bouclier de la Nef Royale, mais l'astromec R2-D2 parvient à réalimenter les déflecteurs. Amidala lui exprime toute sa reconnaissance pour avoir sauvé la vie des passagers.

L'ÉLU ?

Une ancienne prophétie Jedi dit que les midichloriens concevront une créature destinée à rééquilibrer la Force. Chez un ferrailleur de Tatooine, Qui-Gon, en quête d'un hyperdrive, rencontre un garçon de neuf ans prénommé Anakin dont les pouvoirs évoquent ceux des Jedi. Shmi, la mère d'Anakin, confie que l'enfant a été conçu sans l'intervention d'un père. Qui-Gon découvre une concentration de midichloriens sans précédent dans le sang d'Anakin. Convaincu qu'il est l'Élu, Qui-Gon décide d'obtenir la libération de l'enfant.

C'est sous son vrai nom, Padmé Naberrie, et déguisée en l'une de ses propres suivantes, que la reine Amidala fait la connaissance d'Anakin sur Tatooine.

Construction de C-3PO
Anakin et sa mère, Shmi, sont la propriété de Watto, un ferrailleur toydarien. En triant des pièces détachées, Anakin a découvert les restes d'un vieux droïde de protocole de Cybot Galactica. Après avoir emporté les morceaux dans le taudis qu'il habite avec sa mère, Anakin est parvenu à le reconstruire, bien qu'il n'ait pas trouvé de carters pour l'habiller, et il l'a baptisé C-3PO.

CONCURRENCE
Durant la course de Boonta Eve, Anakin affronte le favori, Sebulba, un Dug de Malastare capable des coups les plus tordus pour éliminer ses concurrents. Après être sorti de piste dans le dernier tour, Sebulba achètera à Qui-Gon le podracer (ou Pod Racer) d'Anakin.

LE PODRACING
Grâce à son intuition liée à la Force, Anakin peut pratiquer le podracing, ce sport mécanique conçu pour les aliens doués de réflexes ultrarapides. Son habileté hors norme lui a permis de réparer en secret un podracer accidenté pour prendre le départ de la Classique de Boonta Eve.

LE DÉMON DU JEU
Qui-Gon parie avec Watto qu'Anakin va gagner la course. L'enjeu sera l'hyperdrive dont Qui-Gon a besoin, et la liberté pour Anakin. Avec l'éblouissante victoire d'Anakin, le Toydarien déconfit perd son meilleur esclave, un hyperdrive et une fortune.

PÉNIBLES ADIEUX

En pariant avec Watto, Qui-Gon a gagné la liberté pour Anakin, mais la prime de la Classique de Boonta Eve ne suffit pas à racheter Shmi. Anakin quitte sa mère avec l'espoir que Qui-Gon fera de lui un Jedi, mais il jure de revenir sur Tatooine pour la libérer.

UN PARI RISQUÉ

Rusé et dénué de toute moralité, Watto le Toydarien a appris le commerce auprès des pilleurs jawas de Tatooine. Parieur invétéré, il est persuadé que c'est Sebulba qui gagnera la Classique de Boonta Eve, mais son erreur lui coûtera cher. Six ans après avoir perdu Anakin, il vendra sa mère, Shmi, à un cultivateur d'humidité et renoncera à posséder des esclaves.

Passionné de pari, Watto a souvent gagné et perdu gros.

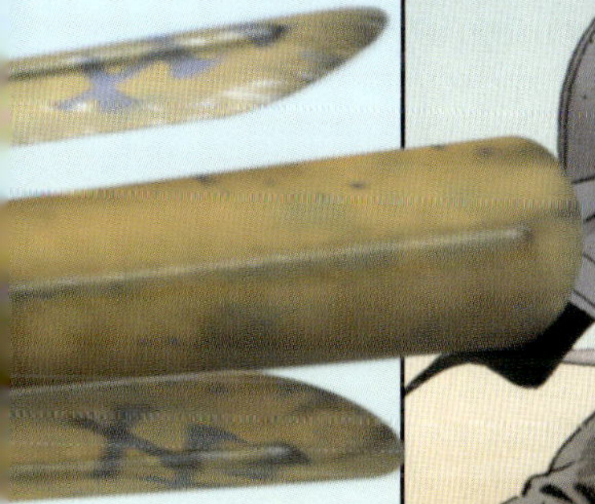

LES SITH DÉMASQUÉS

Ayant suivi à la trace le vaisseau d'Amidala jusqu'à Tatooine, Darth Sidious ordonne à Darth Maul de capturer la Reine et de la ramener sur Naboo afin qu'elle signe le traité de la Fédération du Commerce. Qui-Gon et Anakin arrivent à la Nef Royale juste à temps pour empêcher l'enlèvement. Les Jedi et leurs alliés s'empressent de gagner Coruscant où Qui-Gon stupéfie le Conseil Jedi en déclarant que l'agresseur qui brandissait un sabre laser était un seigneur Sith.

Sitôt Anakin à bord de la Nef Royale, Obi-Wan enjoint au pilote, Ric Olié, de voler au secours de Qui-Gon qui affronte seul le mystérieux personnage vêtu de noir.

JABBA LE HUTT

Jabba Desilijic Tiure, plus connu sous le nom de Jabba le Hutt, est un gangster obèse dont l'empire criminel s'étend sur les territoires de la Bordure Extérieure. Bien que ses activités incluent la contrebande, le commerce d'épices et des esclaves, le jeu, le meurtre et la piraterie, il demeure insatiable. Sur Tatooine, il préside aux courses de podracers avec les manières d'un souverain, mais ce qui l'intéresse vraiment, ce sont les revenus que génèrent ses tripots.

Avec l'aide de Bob Fortuna, son majordome twi'lek, Jabba le Hutt continuera à régner sur Tatooine pendant encore de longues années.

LA DÉCISION DU CONSEIL

Quand Qui-Gon présente Anakin au Conseil Jedi en déclarant qu'il est l'Élu, la plupart des membres se montrent sceptiques, car habituellement les Jedi commencent leur apprentissage dès l'enfance. Les maîtres Jedi font subir à Anakin des tests qui confirment sa grande affinité avec la Force, mais ils le jugent trop âgé et empli de colère. Au dépit de Qui-Gon, le Conseil refuse de l'autoriser à former Anakin. Néanmoins, il lui est permis de s'occuper du garçon pour un temps.

LA BATAILLE DE NABOO

QUAND LA NEF ROYALE d'Amidala revient sur Naboo, il ne reste du blocus de la Fédération du Commerce qu'un vaisseau amiral qui coordonne les droïdes au sol. L'armée droïde a pris Theed et chassé les Gungans d'Otoh Gunga. S'alliant aux Naboos, les Gungans rassemblent une armée dans les marais. La plupart des droïdes étant déployés face aux guerriers gungans, les Naboos s'infiltrent dans le palais d'Amidala et s'y procurent des armes. Darth Maul, envoyé par Darth Sidious pour tuer Amidala et ses protecteurs Jedi, affronte Qui-Gon et Obi-Wan dans un duel au cœur du générateur de Theed.

GUNGANS CONTRE DROÏDES
Formée de réservistes, la Grande Armée Gungan s'assemble dans les marais avant de gagner les Grandes Plaines pour tenter d'attirer les droïdes loin de Theed City. La cavalerie montée sur des kaadus mène les troupes, et les fambaas transportent les générateurs de boucliers anti-aériens qui se révèleront imperméables aux tirs laser mais pas au passage des droïdes.

VOTE FATAL
Le chancelier Finis Valorum propose à Amidala qu'une commission d'enquête vérifie les accusations qu'elle porte contre les Neimoidiens. Cependant, le sénateur Palpatine ayant laissé croire à Amidala que Valorum est un faible, elle opte pour une motion de défiance, ce qui entraîne l'élection d'un nouveau Chancelier.

NOUVELLE ALLIANCE
Qui-Gon Jinn, Obi-Wan Kenobi, Jar Jar Binks et Anakin accompagnent Amidala lors de son retour sur Naboo. Ayant trouvé Otoh Gunga désertée, Jar Jar les conduit jusqu'à un sanctuaire où Boss Nass et les Gungans se sont réfugiés. D'abord, Boss Nass se méfie d'eux, car il suspecte les humains d'être liés à l'invasion droïde, mais quand Padmé lui révèle son statut de reine, Boss Nass comprend que les Naboos sont ses meilleurs alliés.

Dépourvus de processeurs mentaux indépendants, les droïdes obéissent aveuglément.

Bien qu'ils forment un duo efficace, les Jedi ne sont pas préparés aux techniques de combat qu'emploie Darth Maul.

Impuissant, Obi-Wan voit Darth Maul frapper mortellement Qui-Gon.

DUEL FATAL

Quand Qui-Gon et Obi-Wan se trouvent brièvement séparés par une barrière laser, Darth Maul déploie tout son savoir-faire de Sith pour tuer le maître Jedi. Obi-Wan a laissé son sabre laser lui échapper, mais au moment où Maul va frapper, il recourt à la Force pour récupérer l'arme de son maître et couper le seigneur Sith en deux.

ANAKIN ATTAQUE

Qui-Gon lui ayant ordonné de se cacher, Anakin a trouvé refuge dans un chasseur naboo, mais le pilotage automatique s'enclenche, le propulsant au cœur des combats. Anakin reprend les commandes, pénètre malgré lui dans le vaisseau amiral droïde, tire une torpille sur le réacteur et s'enfuit juste avant l'explosion. Sur Naboo, les droïdes de combat se figent.

Pour la première fois, Anakin pilote un vaisseau spatial : c'était son rêve.

UNE ULTIME REQUÊTE

Les derniers mots de Qui-Gon sont pour exiger qu'Anakin devienne un Jedi. Plus tard, en digne héritier de son maître, Obi-Wan informe Yoda qu'il accomplira la volonté de Qui-Gon, avec ou sans l'accord du Conseil Jedi. En dépit des réserves de Yoda, Obi-Wan est autorisé à prendre Anakin pour padawan.

LE CHANCELIER PALPATINE

Palpatine, le nouveau chancelier, arrive sur Naboo pour les cérémonies de la victoire. Il fait la connaissance d'Anakin, dont il se promet de suivre attentivement la carrière. Bien qu'Amidala ait survécu, les plans de Darth Sidious restent d'actualité, mais le seigneur Sith va devoir trouver un nouvel apprenti pour remplacer Darth Maul.

LA RÉPUBLIQUE CORROMPUE

RÉÉLU CHANCELIER SUPRÊME pour un second mandat, quatre ans après la bataille de Naboo, Palpatine garde la main haute sur le Sénat, se concilie les puissants, ne se prête à aucun scandale et – contrairement à certains humains – n'affiche aucun parti pris contre les espèces ou les cultures différentes. Pourtant, sous son règne, de nombreux sénateurs en sont venus à mettre en doute les fondements mêmes de la République, qu'ils assimilent à une machine politique dont le seul but est d'engranger des ressources au seul profit de Coruscant, la planète capitale. En ces temps où la dissidence commence à se répandre dans la galaxie, Palpatine fait de plus en plus souvent appel aux Jedi. Entre-temps, le comte Dooku, ex-chevalier Jedi ayant quitté l'Ordre par dégoût de la République, a entrepris de mystérieuses tractations qui, à terme, joueront un rôle crucial dans le sort de l'Ordre Jedi et celui de la République elle-même.

PORTRAIT D'UN JEDI
Aux Archives Jedi, un buste de Dooku rappelle qu'il fut l'un des vingt Jedi à avoir abjuré l'Ordre.

LA SOURCE DES CLONES
C'est à l'époque de la bataille de Naboo que le comte Dooku se met en quête du guerrier parfait sur lequel modeler une armée de clones génétiquement modifiés. Il confronte les pires mercenaires de la galaxie les uns aux autres. Le vainqueur est Jango Fett, le dernier des Mandaloriens. Sur une lune de Bogden, Dooku – qui se présente comme Lord Tyranus – rencontre Fett qui accepte le clonage.

FORCES DISPERSÉES
Les membres du Conseil Jedi quittent rarement le Temple mais, en ces temps troublés, ils sont plusieurs à devoir s'éloigner de Coruscant. Ainsi, six d'entre eux – dont *(ci-dessous, de g. à dr.)* Adi Gallia, Mace Windu et Ki-Adi-Mundi – se rendent sur Malastare pour négocier la paix entre des factions qui s'affrontent sur Lannik. Adi Gallia et Ki-Adi-Mundi participent aussi à la traque d'Aurra Sing. Durant cette période, Ki est souvent accompagné de son padawan, le Tusken A'Sharad Hett *(à dr.)*.

AURRA SING
Des Jedi s'interposent quand la chasseuse de primes Aurra Sing *(ci-contre à g.)* tente de tuer la Femme Sombre qui l'a formée. Parmi eux, il y a le Tusken A'Sharad Hett *(ci-contre à dr.)* dont elle a tué le père, Sharad. Lors de son duel contre Sing, il découvre qu'il a envie de la faire souffrir. Sing s'échappe et A'Sharad s'interroge sur sa place dans l'Ordre.

Sing a tué Sharad Hett sur Tatooine.

CHERCHE SABRE LASER
Dans les années qui suivent la bataille de Naboo, Anakin Skywalker, sous la tutelle d'Obi-Wan Kenobi, devient un padawan prometteur. La Force rend Skywalker très puissant, mais il reste imprévoyant. Ainsi, alors qu'Obi-Wan et lui doivent rencontrer les représentants d'une planète où le brigandage fait loi, Anakin découvre qu'il a perdu son sabre laser. Sans en informer son maître, il tente en vain de le retrouver. Finalement, c'est Obi-Wan qui le lui restituera.

Obi-Wan rend son arme de Jedi à Anakin.

BATAILLE SUR KINTAN
Dans toute la galaxie, Dooku attise la révolte. Sur Ryloth, il organise un enlèvement censé faire que la planète quitte la République. Le jeune fils d'un chef de clan twi'lek est sous la protection du maître Jedi Tholme quand tous deux sont enlevés par un groupe d'assassins fanatiques niktos nommés les Morgukais. Quinlan Vos *(ci-dessus, à dr.)* et Aayla Secura pourchassent les Morgukais jusqu'à leur planète natale, Kintan, et sauvent Tholme et l'enfant.

LA MONTÉE DES SÉPARATISTES

UN NOUVEL APPRENTI
Après la mort de Darth Maul, Darth Sidious contacte le comte Dooku, maître Jedi et politicien idéaliste, selon qui les Jedi devraient se désolidariser de la République corrompue. Après la bataille de Naboo, Dooku démissionne de l'Ordre Jedi et rejoint Darth Sidious qui le rebaptise Darth Tyranus.

HUIT ANS APRÈS l'élection du chancelier suprême Palpatine, l'étrange comte Dooku arrive sur Raxus Prime, une planète violemment hostile à la République. Il y trouve des supports favorables à ses exigences pour une réforme politique mais, conscient que la bureaucratie sénatoriale bloquera toute tentative de réforme, il prône bientôt l'indépendance radicale. À mesure que son mouvement Séparatiste gagne des mondes, l'ancien Jedi se rapproche des puissances commerciales majeures de la galaxie, telles la Fédération du Commerce, le Clan Bancaire InterGalactique, la Guilde du Commerce et le Techno Syndicat. Il leur jure de favoriser les principes du libre-échange et du capitalisme, à condition qu'elles l'aident à faire triompher ses vues séparatistes. En deux ans, des milliers de systèmes ont rejoint Dooku, et sa Confédération des Systèmes Indépendants (CSI) menace l'unité de la République.

NUTE GUNRAY
La Fédération du Commerce ayant perdu la bataille de Naboo, Nute Gunray a été inculpé de crimes de guerre, mais après quatre décisions de la Cour Suprême, la Fédération du Commerce est seulement condamnée à limiter ses armées droïdes, et Gunray redevient vice-roi. Tandis que des sénateurs influents nient que la Cour Suprême soit corrompue, Gunray n'aspire qu'à se venger de la sénatrice Padmé Amidala. Il accepte de rejoindre le mouvement Séparatiste, à la condition que Dooku fasse assassiner Padmé.

SAN HILL
Basé sur la planète Muunilinst, le Clan Bancaire InterGalactique veille à la bonne circulation des énormes masses de devises entre les planètes. San Hill, son dirigeant, est un Muun qui voit tout en termes monétaires et pour qui la guerre est un business comme les autres : il passe avec Dooku un accord qui permet au Clan de tirer profit des armes vendues tant aux Séparatistes qu'à la République.

WAT TAMBOR
À la tête du Techno Syndicat, Wat Tambor est un Skakoan qui quitte rarement le monde industriel de Metalorn. Le Techno Syndicat est à la pointe des technologies innovantes, et Tambor supervise ses installations dans toute la galaxie. Lassé par des années de contacts stériles avec la bureaucratie républicaine, il se rallie volontiers au visionnaire comte Dooku. Le type d'atmosphère de son monde natal étant peu répandu ailleurs, Tambor, qui ne respire que du méthane, voyage dans une combinaison qui prévient les accidents de décompression.

SHU MAI

Shu Mai, une Gossam de la planète Castell, préside la Guilde du Commerce qui représente nombre d'activités liées à l'extraction, le raffinage et la production de matières premières. Saisissant la moindre occasion de réaliser des profits, elle fait secrètement adhérer sa Guilde à la Confédération.

PASSEL ARGENTE

Passel Argente dirige la plus grande organisation galactique, celle qui gère les négociations dans toutes les opérations commerciales d'envergure, l'Alliance Corporative. Il est aussi sénateur de son monde natal, Koorivar, mais ses intérêts personnels passent avant tout. Après avoir tenté de démentir ses liens avec Dooku, il défie ouvertement la République en rejoignant officiellement le mouvement des Séparatistes.

POGGLE LE BREF

L'archiduc Poggle le Bref contrôle toutes les ruches importantes de sa planète. Géonosis est ceinturée d'astéroïdes dont les métaux sont exploités dans les gigantesques installations souterraines géonosiennes qui produisent droïdes, véhicules et armes. Le bâton de marche de Poggle serait tout ce qu'il reste d'un de ses adversaires politiques...

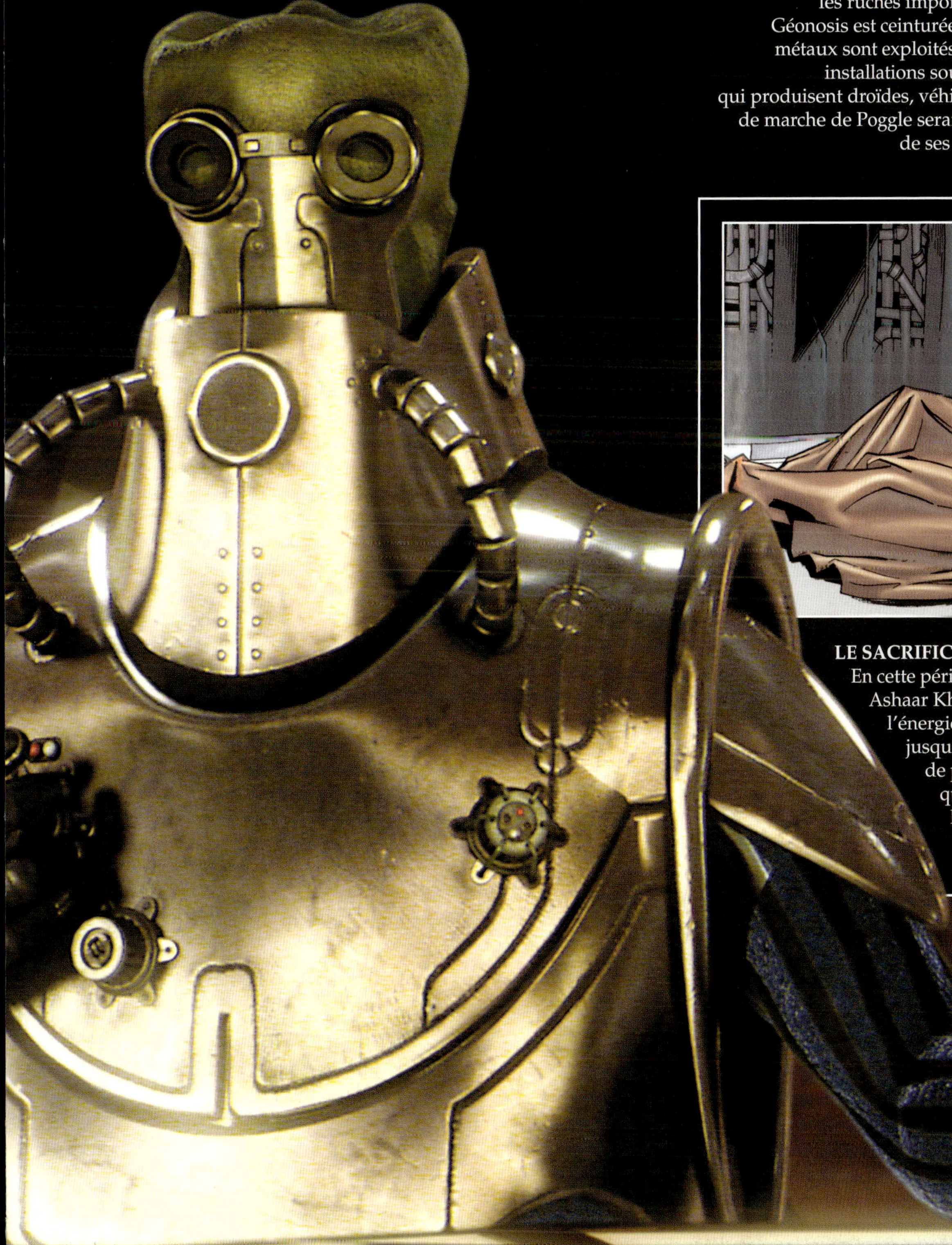

LE SACRIFICE DE YARAEL POOF

En cette période, les Jedi doivent gérer la menace du général Ashaar Khorda qui possède un engin de destruction utilisant l'énergie de la Force. Le maître Jedi Yarael Poof le traque jusque sur Coruscant. Entre-temps, les chasseurs de primes Jango Fett et Zam Wesell comprennent qu'à leur insu, ils ont aidé Khorda et décident de l'empêcher d'utiliser son arme. Mais, seul un maître Jedi peut la désactiver : Poof, mortellement blessé par Khorda, y parvient juste à temps.

L'ARMÉE CLONE

AU TERME DE SON MANDAT, Padmé Amidala devient sénatrice de Naboo. Elle s'oppose autant aux Séparatistes qui veulent quitter la République, qu'aux Loyalistes qui appellent à la création d'une armée officielle. Ayant souffert de la guerre sur sa planète natale, Amidala se rend sur Coruscant pour dissuader le Sénat d'adopter la loi de Création Militaire. À peine a-t-elle atterri que sa Nef Royale explose, faisant plusieurs victimes, dont Cordé, la doublure d'Amidala. Cet attentat contre la sénatrice de Naboo décide le chancelier suprême Palpatine à charger le maître Jedi Obi-Wan Kenobi et son apprenti Anakin Skywalker de veiller sur Padmé.

LA CIBLE ET L'ASSASSIN
Lors d'une seconde tentative d'attentat contre Padmé dans sa chambre sur Coruscant, Anakin empêche deux kouhuns – des arthropodes mortels – de la tuer. La mission des Jedi se limite à protéger Padmé, mais Anakin décide de retrouver le tueur qui menace sa vie.

À bord d'un airspeeder, Anakin et Obi-Wan poursuivent Zam Wesell dans le ciel de Coruscant.

LA CAPTURE DE ZAM WESELL

Pour rattraper celui qui a lâché deux kouhuns dans la chambre de Padmé, Anakin s'empare d'un airspeeder et, avec Obi-Wan, il pourchasse un *Koro-2* à propulsion exogène. À travers les zones sénatoriale, financière et industrielle d'un quadrant très peuplé, la poursuite les amène à un quartier de loisirs où ils capturent le pilote du *Koro-2*, la Clawdite Zam Wesell. Avant qu'ils aient pu lui faire avouer le nom de son employeur, elle succombe à un dard empoisonné. Les Jedi repèrent la silhouette revêtue d'une armure qui a lancé le projectile mortel, mais elle leur échappe.

DEXTER JETTSTER
Les droïdes analystes ayant échoué à identifier le dard qui a tué Zam Wesell, Obi-Wan contacte son vieil ami Dexter Jettster, cuisinier et propriétaire d'un restaurant. Ce Besalik a beaucoup voyagé et possède une excellente mémoire : il peut reconnaître un saberdart fabriqué sur Kamino ou une planète équipée d'installations de clonage.

LA PLANÈTE MANQUANTE
Dexter ne lui ayant fourni que des coordonnées approximatives, Obi-Wan se rend aux Archives du Temple Jedi pour localiser précisément Kamino. Mais, il ne trouve aucune trace de la planète ni de son système, bien qu'une holocarte spatiale signale la présence de forces gravitationnelles dans la zone indiquée. En examinant la carte, Yoda et un groupe de jeunes élèves Jedi ne tardent pas à conclure que la planète est toujours là-bas, mais qu'elle a été effacée des archives.

INTERDITS D'AMOUR
Pendant qu'Obi-Wan poursuit le chasseur de primes, Anakin escorte Padmé sur Naboo. Son statut interdit à l'apprenti Jedi d'éprouver des émotions qui seraient susceptibles d'obscurcir son jugement, et Padmé estime que l'amour est incompatible avec ses responsabilités sénatoriales. Néanmoins, ils cèdent à leurs sentiments réciproques.

SOLDATS CLONES

Arrivé sur Kamino, Obi-Wan visite les installations de clonage de Tipoca City. Grâce à une technologie qui accélère la croissance, les Kaminoans peuvent produire un clone humain adulte en seulement dix ans. Pour l'heure, 200 000 clones sont prêts, et un million est en cours de production. Tous sont à l'image de leur source, un chasseur de primes du nom de Jango Fett, mais ils ont été modifiés pour se montrer plus endurants et totalement dociles. En paiement de ses services, Fett a réclamé un clone non modifié, qu'il a nommé Boba et élevé comme son fils. Quand Kenobi les rencontre, il comprend que c'est Fett qui est derrière les tentatives d'assassinat sur Coruscant.

MYSTÉRIEUX SIFO-DYAS

Reçu par le Premier ministre Lama Su, Obi-Wan a la surprise d'apprendre que les Kaminoans attendaient la visite d'un Jedi : une décennie plus tôt, le maître Jedi Sifo-Dyas leur aurait commandé, au nom de la République, une armée de clones. Ce qui intrigue Obi-Wan, c'est que Sifo-Dyas est justement mort voilà dix ans.

À Tipoca City, la Kaminoane Taun We montre à Obi-Wan les bocaux renfermant les clones embryonnaires qui sont soumis à des mouvements constants afin de stimuler leur activité cérébrale.

NAISSANCE D'UN CHASSEUR DE PRIMES

Le jeune Jango Fett est devenu orphelin sur le monde-colonie de Concord Dawn, après que sa famille ait été tuée par une bande d'ex-Mandaloriens dissidents. Il fut recueilli par les Mandaloriens authentiques, mercenaires par tradition. Devenu leur chef, Fett a exécuté les assassins de ses parents mais, deux ans avant la bataille de Naboo, un conflit avec les Jedi a fait de lui le dernier Mandalorien vivant.

COMBAT SUR KAMINO

Ayant appris que Fett a été recruté comme souche de clones par un nommé Tyranus, Obi-Wan veut en savoir plus et découvrir qui a payé Jango pour assassiner Padmé. Il ne parvient pas à empêcher Jango et Boba de décoller mais, grâce à une balise qu'il a réussi à placer sur leur appareil, le *Slave I*, il pourra les suivre.

TRAGÉDIE SUR TATOOINE

RETROUVAILLES AVEC WATTO
Fort surpris de revoir Anakin, Watto le Toydarien apprend à Anakin qu'il a vendu sa mère, Shmi, à un cultivateur d'humidité nommé Cliegg Lars, lequel l'a affranchie et épousée.

ALORS QU'IL assure la protection de Padmé sur Naboo, Anakin fait des cauchemars atroces dans lesquels il voit sa mère, Shmi, agoniser sous les tortures que lui infligent des inconnus. Refusant d'y voir de simples hallucinations, Anakin annonce à Padmé qu'il part sur Tatooine retrouver sa mère qu'il n'a pas revue depuis dix ans, quand il a quitté la planète pour rejoindre l'Ordre Jedi. Ce faisant, Anakin va désobéir au Conseil Jedi qui l'a chargé de protéger Padmé. Cette dernière propose donc d'accompagner Anakin, qui pourra ainsi continuer à veiller sur elle. Quittant Naboo à bord du yacht de Padmé, ils se posent à Mos Espa, la dangereuse capitale de Tatooine, puis se mettent à la recherche de l'ancien propriétaire d'Anakin, Watto.

À la ferme d'humidité de la famille Lars, Padmé et Anakin font la connaissance d'Owen Lars et de sa fiancée, Beru. Fils de l'époux de Shmi, Owen est donc le demi-frère d'Anakin.

À LA RECHERCHE DE SHMI
Anakin se faufile dans le camp des Tuskens et repère la hutte où sa mère est retenue. Souffrant de terribles blessures, Shmi déclare à Anakin que le revoir une dernière fois était tout ce qu'elle désirait de la vie, puis elle meurt dans ses bras.

Traque aux Tuskens

Cliegg Lars apprend à Anakin que sa mère a été enlevée un mois plus tôt par des Tuskens. Une tentative pour la délivrer a fait 26 morts chez les fermiers et coûté sa jambe droite à Cliegg. Sentant que sa mère est encore en vie, Anakin emprunte le speeder bike d'Owen. En échange d'un peu de matériel, le chef d'un camp de Jawas lui donne des informations. Peu après, depuis le sommet d'un plateau, Anakin examine un campement de Tuskens situé en contrebas dans une vallée.

LA VENGEANCE D'UN FILS
À peine Shmi a-t-elle rendu son dernier souffle que l'angoisse d'Anakin se transforme en fureur : Il sort de la hutte et se déchaîne contre les bourreaux de Shmi. La lame bleue de son sabre laser ne s'éteindra qu'après avoir massacré tous les Tuskens du camp jusqu'au dernier, femmes et enfants compris.

« J'AURAIS DÛ LA SAUVER ! »
Anakin rapporte le corps de sa mère chez les Lars. Bouleversé, le jeune padawan avoue à Padmé qu'il n'a pas pu se retenir de massacrer tous les Tuskens du camp. Padmé pardonne à Anakin d'avoir cédé à ses émotions. Anakin, lui, se reproche de ne pas avoir sauvé sa mère, mais il n'a aucun remords vis-à-vis des Pillards.

UN JEDI CHEZ LES TUSKENS
Les Pillards Tuskens, ou Peuple des Sables, tirent leur nom du Fort Tusken, le premier établissement humain sur Tatooine. L'ancien chevalier Jedi Sharad Hett fut l'un des rares humains à se mêler à cette étrange race de nomades. Devenu chef de clan, Hett et les siens périrent lors de la tentative de renversement de Jabba par Gardulla le Hutt.

Gardulla a bombardé le clan de Hett, tuant tous ses membres et leur chef.

LE CRÉATEUR REVIENT !
C-3PO, dont Shmi a achevé la carrosserie, est désolé qu'elle soit morte, mais heureux de retrouver Anakin. Quand R2-D2 reçoit un appel urgent d'Obi-Wan, C-3PO se joint à Anakin et Padmé, qui partent au secours du Jedi.

LA BATAILLE DE GÉONOSIS

Obi-Wan rejette l'offre que lui fait Dooku de se joindre aux Séparatistes.

À LA POURSUITE de Jango Fett sur Géonosis, Obi-Wan découvre que les tentatives de meurtre sur Padmé étaient commanditées par Nute Gunray et que la Fédération du Commerce vient de prendre livraison de l'armée droïde conçue par les Géonosiens. Le Jedi transmet ces informations à Anakin et au Conseil, avant d'être capturé et interrogé par le comte Dooku qui lui révèle que la République est sous le contrôle d'un seigneur Sith. Dans l'arène où il va être exécuté, Obi-Wan est rejoint par Anakin et Padmé, eux aussi capturés et condamnés à mort. Sur Coruscant, Jar Jar Binks, représentant de Naboo en l'absence de Padmé, demande au Sénat de voter des pouvoirs exceptionnels au Chancelier suprême : Palpatine peut faire venir de Kamino l'armée de clones.

JEUX SANGLANTS
Des milliers de Géonosiens, ainsi que Dooku, Jango et Boba Fett, regardent trois créatures gigantesques pénétrer dans l'arène d'exécution. À l'arrivée des renforts Jedi, Obi-Wan, Anakin et Padmé sont encore en train d'affronter ces monstres.

PIÈGÉS
Anakin ayant relayé l'appel d'Obi-Wan, Mace Windu et 200 Jedi débarquent sur Géonosis pour le secourir et empêcher la Fédération du Commerce de se procurer encore plus de droïdes. Jango Fett, qui fait feu sur les Jedi, est abattu par Mace Windu. Boba, l'enfant clone de Jango, est désormais orphelin. En dépit de leur puissance, les Jedi sont bientôt débordés par les droïdes de combat et les soldats géonosiens. Les Jedi sont encerclés par une quantité croissante de droïdes et beaucoup périssent.

YODA MÈNE LA CHARGE
Pendant que Mace Windu emmène les Jedi sur Géonosis, Yoda se rend sur Kamino pour inspecter l'armée clone. Elle s'avère opérationnelle et parfaitement équipée. Yoda et les clones gagnent Géonosis et se posent au cœur des combats.

ARME SECRÈTE
La victoire des clones se dessinant, les Séparatistes battent en retraite. Le chef géonosien Poggle le Bref donne à Dooku les plans holographiques d'une arme suprême, que le comte ira remettre à son maître sur Coruscant.

Incapable de vaincre Yoda, le comte Dooku utilise la Force pour renverser une grue sur Obi-Wan et Anakin. Pendant que Yoda les secourt, Dooku s'enfuit à bord de son Voilier Solaire.

DUEL AVEC DOOKU
Obi-Wan et Anakin suivent le comte Dooku jusqu'à un hangar où l'ancien Jedi cache un vaisseau de secours. Faisant la preuve de son inquiétante maîtrise de la Force, Dooku lance des éclairs qui projettent Anakin contre une paroi, puis il blesse Obi-Wan au cours d'un duel au sabre laser. Anakin intervient à temps pour empêcher son maître de succomber à Dooku, mais ce dernier lui tranche l'avant-bras droit. Impuissants, les deux Jedi ne devront leur salut qu'à l'intervention de Yoda.

LA GUERRE DES CLONES COMMENCE…
Suite à la bataille de Géonosis, l'Armée de la République, nouvellement créée, se rassemble sur Coruscant. De gigantesques vaisseaux de classe *Acclimator*, capables de raser des villes entières, embarquent des milliers de soldats clones en tenue de combat. Le chancelier suprême Palpatine jure que la guerre ne cessera qu'une fois les Séparatistes vaincus et la démocratie restaurée dans toute la République.

MARIAGE SECRET
Anakin, dont une prothèse remplace désormais le membre amputé, raccompagne Padmé sur Naboo. Padmé continue à penser que ses responsabilités doivent primer sur sa vie personnelle, mais elle cède et accepte de l'épouser. Dans l'espoir d'éviter le renvoi d'Anakin de l'Ordre Jedi, ils se marient en secret, dans une villa de la région des Lacs.

R2-D2 et C-3PO sont témoins au mariage de Padmé et Anakin.

LA GUERRE DES CLONES

C'EST LORS de la bataille de Géonosis que la République a, pour la première fois de son histoire, utilisé une armée. Si les Jedi et un certain nombre de sénateurs se sont interrogés sur l'origine et l'efficacité des soldats clones, la plupart des Loyalistes ont applaudi le chancelier suprême Palpatine pour ce déploiement de forces contre les Séparatistes. Pendant plus de trois ans, la guerre des Clones a fait rage dans la galaxie, opposant l'Armée de la République aux légions droïdes de la Confédération des Systèmes Indépendants. Peu de participants à ce conflit ont eu conscience qu'il était intégralement orchestré par un seigneur Sith.

BIENVENUE DANS L'ORDRE DES SEIGNEURS SITH, ANAKIN SKYWALKER.
DÉSORMAIS, TU RÉPONDRAS AU NOM DE... **DARTH VADER**.

BATAILLES ET CAMPAGNES

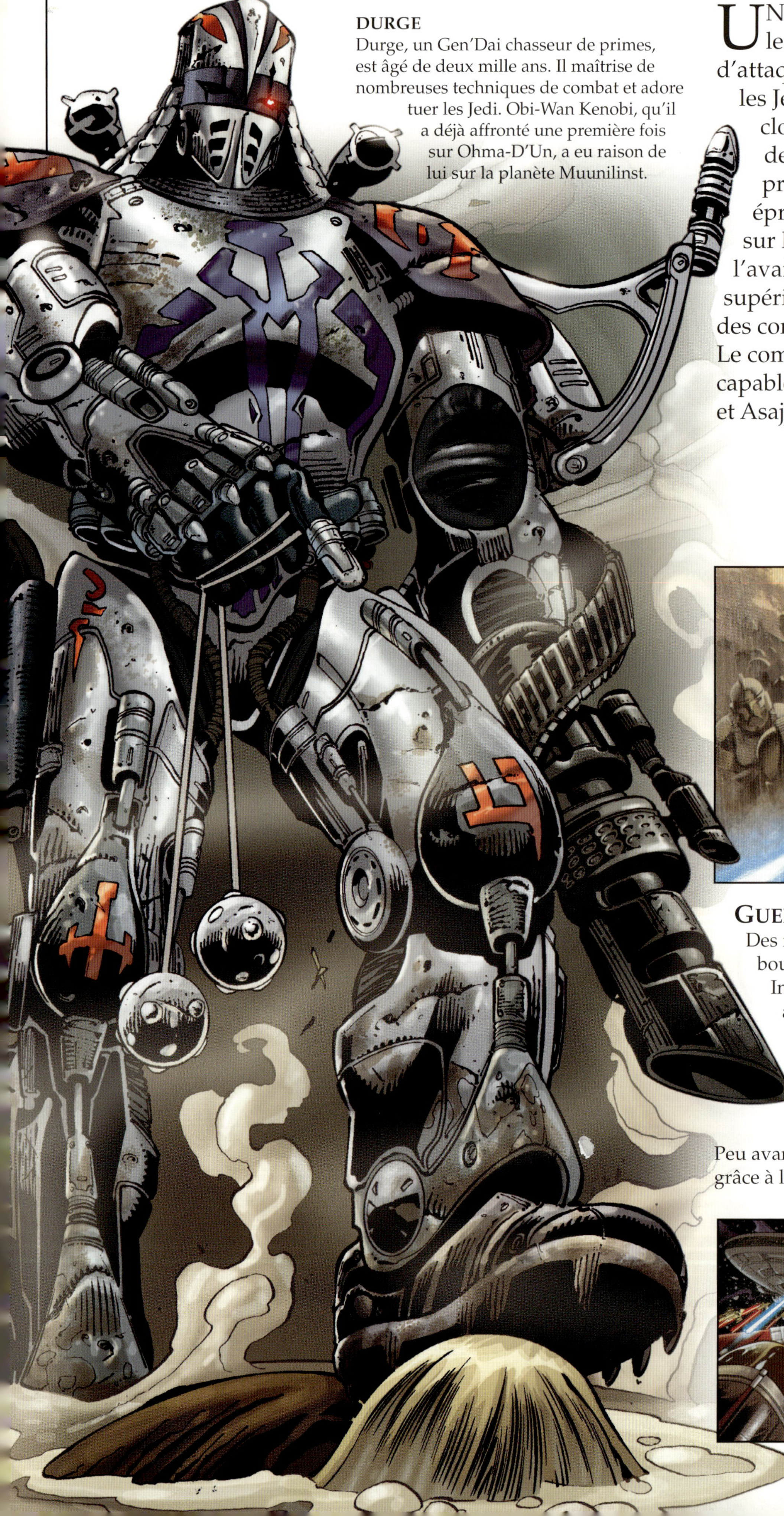

DURGE
Durge, un Gen'Dai chasseur de primes, est âgé de deux mille ans. Il maîtrise de nombreuses techniques de combat et adore tuer les Jedi. Obi-Wan Kenobi, qu'il a déjà affronté une première fois sur Ohma-D'Un, a eu raison de lui sur la planète Muunilinst.

UNE FOIS LA GUERRE DES CLONES déclenchée, le chancelier suprême Palpatine enjoint aux Jedi d'attaquer les armées séparatistes. Le Sénat accepte que les Jedi reçoivent le grade de généraux des armées clones, mais de nombreux chevaliers refusent de faire la guerre au nom de la République et préfèrent quitter l'Ordre. Certains généraux Jedi éprouvent des difficultés à assumer leur fonction sur le terrain. Heureusement, comme les Kaminoans l'avaient promis, les clones s'avèrent nettement supérieurs aux droïdes et aident les Jedi à remporter des combats décisifs face aux armées séparatistes. Le comte Dooku se fait seconder par deux créatures capables de tuer un Jedi : Durge, le chasseur de primes, et Asajj Ventress, qui est sensible à la Force.

Guerre civile sur Jabiim

Des ressources minérales ayant été découvertes sur la boueuse planète Jabiim, la Confédération des Systèmes Indépendants propose d'établir des relations commerciales avec les colons, mais certains d'entre eux refusent de quitter la République et une guerre civile s'ensuit. Les généraux Jedi et leurs troupes tentent de mettre fin aux hostilités en conservant Jabiim dans la République. De nombreux Jedi et leurs padawans périssent durant cette mission et Obi-Wan est porté disparu au combat. Peu avant de quitter la planète, Anakin Skywalker découvre que, grâce à la Force, il peut broyer la gorge d'un homme.

LA BATAILLE DE KAMINO
En tuant Merai, le commandant mon calamari, les Jedi font le jeu de Darth Sidious et prolongent la guerre des Clones, car l'Alliance Intercorporations avait convaincu les Mon Calamaris de frapper les installations de production de clones sur Kamino pour hâter la fin des hostilités.

GÉNOCIDE SUR OHMA-D'UN

Peu après la bataille de Naboo, des colons gungans s'installent sur Ohma-D'Un, la lune de Naboo. Dix semaines après la bataille de Géonosis, Boss Nass perd tout contact avec eux. Les Jedi venus enquêter trouvent les colons morts, tués par une arme chimique développée par la Confédération. Anakin s'envole pour empêcher un convoi de vaisseaux de déverser la même substance sur Naboo, et Obi-Wan rencontre pour la première fois Asajj Ventress et Durge. Des mois plus tard, il neutralisera la menace chimique en se procurant un antidote sur la planète Queyta.

CONFLIT SUR AARGONAR

Croyant qu'Obi-Wan a été tué sur Jabiim, le Conseil Jedi envoie Anakin sur la désertique Aargonar en compagnie du chevalier Jedi tusken A'Sharad Hett, fils du célèbre Jedi Sharad Hett. Une tempête de sable ionisé interrompt leur mission, puis Anakin, épuisé et victime d'hallucinations, se jette soudain sur Hett, lequel parvient à le maîtriser et apprend pourquoi Anakin hait tant les Tuskens. A'Sharad tente en vain de persuader Anakin qu'un vrai Jedi doit ignorer tout préjugé.

Sur Ruul, une lune du système de Sriluur, Ventress teste trois Jedi renégats, éventuelles recrues pour les Séparatistes.

ASAJJ VENTRESS

Asajj Ventress s'est tournée vers le côté obscur après le meurtre de Ky Narec, le Jedi qui l'avait formée. Des années plus tard, elle impressionne Dooku en terrassant simultanément de nombreux gladiateurs. Le comte lui offre deux sabres laser et lui confie un poste de commandement dans l'armée séparatiste.

GÉNÉRAUX JEDI

Comme tous les Jedi ayant accepté de combattre au nom de la République dans la guerre des Clones, Anakin, Mace Windu et Obi-Wan sont nommés généraux. Lors d'une mission sur Dantooine, Mace Windu parvient à vaincre une armée de droïdes de la Fédération. Obi-Wan revient de Jabiim obsédé par Asajj Ventress. Anakin acquiert une réputation de pilote d'exception et de guerrier courageux, mais un duel au sabre laser contre Asajj Ventress lui laisse une cicatrice au visage.

LE GÉNÉRAL DROÏDE

Kaleesh de naissance, le général Grievous a guidé son peuple dans une guerre contre leurs sauvages voisins, les Huks, qui avaient reçu l'aide de la République pour leurs planètes riches en minerais. Ayant frôlé la mort dans un crash resté mystérieux, il n'a dû sa survie qu'au corps droïde que lui a offert le Clan Bancaire. Il a juré de se venger des Jedi parce qu'ils s'étaient alliés aux Huks et a pris le commandement des armées droïdes de la Confédération, après avoir été formé au maniement du sabre laser par le comte Dooku.

ENLEVÉ !

DANS L'ESPOIR de vaincre la Fédération du Commerce, Obi-Wan et Anakin tentent de capturer Nute Gunray sur Cato Neimoidia. Il leur échappe, mais l'équipement d'holocommunications de sa mécanochaise contient des informations susceptibles de les aider à capturer certains Séparatistes importants et de localiser Darth Sidious. Obi-Wan et Anakin se concentrent sur le comte Dooku, pendant que Mace Windu emmène une équipe à la recherche de Sidious. Malheureusement, les Jedi n'ont pas compris qu'ils sont manipulés par le Seigneur Noir, qui les lance sur de fausses pistes, le laissant libre de mener à bien son projet le plus ambitieux : l'enlèvement du chancelier suprême Palpatine. Le Sith confie cette tâche au général Grievous qui ne suspecte pas les motivations réelles de Sidious.

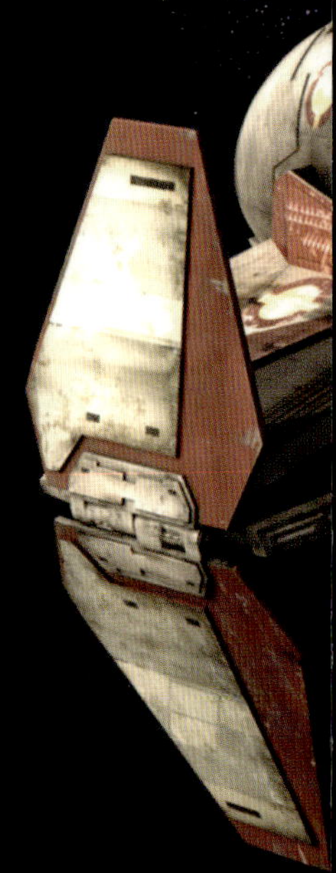

CHASSEURS RÉPUBLICAINS
Face aux Séparatistes, Obi-Wan et Anakin prennent les commandes d'Interceptors Eta-2 *Actis (ci-contre à g. et à dr.)* adaptés au pilotage assisté par la Force. Pour les accompagner, les pilotes clones disposent de RCO-170 *(ci-dessus)* et de V-wings équipés de boucliers défensifs.

JEDI PILOTE D'ÉLITE
Au cours de la guerre des Clones, Anakin acquiert la réputation de meilleur pilote de la galaxie. Grievous lui-même l'appelle le « héros sans peur ». Néanmoins, Anakin demeure hanté par la mort de sa mère, qu'il n'a pas su protéger. Après avoir appris que Padmé était enceinte, il fait des cauchemars dans lesquels il la voit mourir en accouchant.

À LA RECHERCHE DE PALPATINE
Alors qu'ils viennent d'échouer à capturer le comte Dooku sur la planète Tythe, Anakin et Obi-Wan apprennent que le Chancelier suprême a été enlevé. De retour sur Coruscant, ils doivent affronter des myriades de chasseurs droïdes avant de parvenir à se poser à bord du vaisseau du général Grievous grâce à R2-D2. Laissant sur leur passage les carcasses de droïdes de combat anéantis, ils parviennent à la pièce dans laquelle est détenu Palpatine.

LA FIN DE DOOKU

À bord du vaisseau du général Grievous, Palpatine, otage, regarde le comte Dooku s'interposer devant ses sauveteurs. Dooku neutralise Obi-Wan, mais Anakin prend le dessus. Palpatine ordonne alors l'exécution du comte... et Anakin lui obéit.

LA FUITE DE GRIEVOUS

Avant l'enlèvement de Palpatine, Kenobi et Skywalker avaient vaincu la flotte du général Grievous quand elle tentait d'envahir la planète Belderone. L'arrivée d'Obi-Wan et Anakin à bord de son vaisseau, puis la mort de Dooku, sont l'occasion d'un affrontement féroce entre le cyborg et ses ennemis jurés. Touché par le feu laser d'un bâtiment républicain, l'appareil perd de l'altitude. Grievous, forcé de relâcher Palpatine, fuit à bord d'une capsule de sauvetage, abandonnant les Jedi à bord de l'épave en perdition.

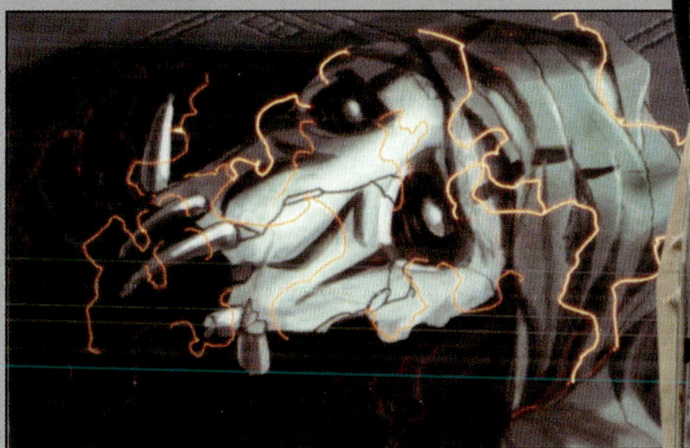

Grievous ignore que le crash qui a conduit à sa reconstruction cybernétique a été causé par Dooku, à seule fin de le rallier à la cause des Séparatistes.

LES TROPHÉES DU GÉNÉRAL

Entouré de ses MagnaGardes droïdes, le général Grievous a ajouté de nombreux sabres laser à sa collection qu'il a commencée sur Géonosis en tuant ses premiers Jedi. À l'époque, ces meurtres ne lui avaient pas été attribués d'emblée, en raison de leur nombre important.

ATTERRISSAGE EN CATASTROPHE

Accompagné dans sa chute vers Coruscant par des navires-incendie, le croiseur de la Fédération du Commerce de Grievous est réduit à l'état d'épave. Malgré les dégâts causés aux commandes, Anakin parvient à poser le vaisseau sur une plate-forme d'atterrissage située au beau milieu du secteur industriel de Coruscant.

LE POUVOIR DU CÔTÉ OBSCUR

Les généraux Jedi en poste loin de Coruscant assistent aux réunions du Conseil grâce à des communications holographiques. À contrecœur, les maîtres acceptent qu'Anakin siège parmi eux en qualité de représentant de Palpatine.

DÈS LEUR première rencontre, Palpatine a fait en sorte qu'Anakin se sente différent des autres Jedi. Pendant la guerre des Clones, il accentue ce sentiment en Anakin, le poussant à se méfier de ses pairs. Quand un amendement constitutionnel autorise le Bureau du Chancelier à prendre la direction du Conseil Jedi, Palpatine demande à Anakin de l'y représenter. Entre-temps, Mace Windu et Yoda soupçonnent Palpatine d'être sous l'influence de Darth Sidious, le seigneur Sith. En apprenant la nomination d'Anakin, ils s'accordent pour convenir qu'il est dangereusement proche de Palpatine mais – malgré les protestations d'Obi-Wan – ils chargent Anakin d'espionner le Chancelier.

COMITÉ LOYALISTE
Même si de nombreux mondes quittent la République pour rallier les Séparatistes, une majorité de sénateurs continue à soutenir le chancelier Palpatine. Pourtant, certains s'inquiètent des modifications que Palpatine apporte sans cesse à la constitution de la République. La sénatrice Mon Mothma de Chandrila, Padmé Amidala de Naboo et Bail Organa d'Alderaan ont secrètement décidé de trouver une issue diplomatique à la guerre et de mettre un terme au comportement de Palpatine.

UN SOIR À L'OPÉRA

Convié à rejoindre Palpatine à l'Opéra Galaxies, Anakin écoute le Chancelier lui faire part de sa conviction selon laquelle le Conseil Jedi projette de renverser la République. En dépit des conseils de prudence d'Obi-Wan, Anakin est déchiré entre les Jedi et Palpatine. Ayant récemment fait des cauchemars relatifs à la mort de Padmé, il est fasciné par un récit que lui fait Palpatine : la tragédie de Darth Plagueis le Sage, un seigneur Sith qui avait le pouvoir de préserver autrui de la mort.

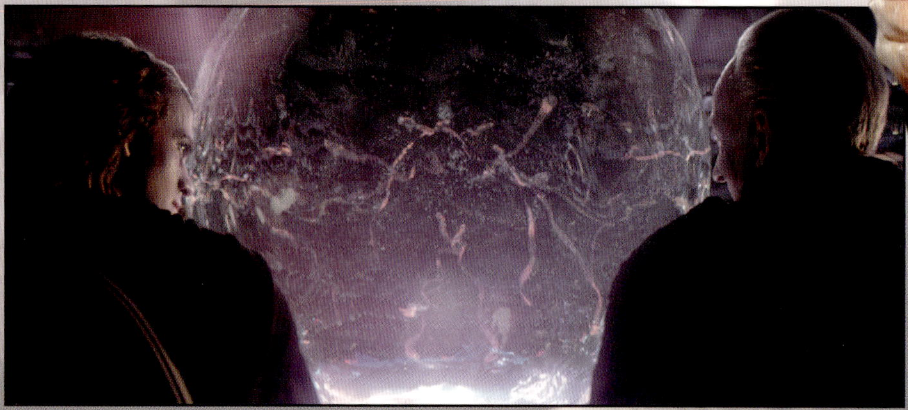

Chevauchant Boga, Obi-Wan poursuit le wheel bike du général Grievous dans les profondeurs d'Utapau.

BATAILLE SUR UTAPAU
Au moment où Anakin découvre que Palpatine n'est autre que le seigneur Sith que traquent les Jedi, Obi-Wan engage son armée de clones contre les troupes droïdes du général Grievous sur la planète Utapau. Au terme d'un duel féroce au sabre laser et d'une poursuite à travers Pau City, le Jedi finit par détruire Grievous en utilisant le propre blaster du cyborg.

Palpatine recourt aux éclairs Sith pour attaquer Mace Windu. Mais le maître Jedi, grâce à son sabre laser, retourne les étincelles d'énergie contre le seigneur Sith. Défiguré, Palpatine en appelle à Anakin, qui désarme Windu et lui permet de tuer le Jedi.

ÉPREUVE DE FORCE SUR CORUSCANT
Après la mort du général Grievous, un peloton de Jedi affronte Palpatine pour qu'il renonce à ses pouvoirs étendus. À leur surprise, Palpatine dégaine son propre sabre laser et les tue tous, à l'exception de Mace Windu qui découvre trop tard en Anakin Skywalker l'arme secrète de son ennemi.

BAPTÊME
Après avoir tué Mace Windu, Palpatine baptise son apprenti du nom de Darth Vader et lui donne pour première mission d'éliminer tous les Jedi du Temple. Vader est convaincu d'agir pour le bien de la galaxie et est persuadé qu'il va assurer la survie éternelle de Padmé.

RITUELS SITH
Le chancelier Palpatine a longuement étudié les anciens Holocrons afin de percer les secrets des Sith. Ils lui ont permis de canaliser des esprits Sith *(à dr.)* qui lui ont appris à exploiter l'énergie du côté obscur pour produire des décharges mortelles. Pendant la guerre des Clones, Palpatine s'est livré sur Coruscant à certains rituels qui ont perturbé la Force, troublant la sérénité des Jedi dans toute la galaxie et accroissant la faim de pouvoir d'Anakin.

DÉFENSE DE KASHYYYK
Yoda quitte Coruscant pour Kashyyyk afin d'organiser la défense de la planète des Wookiees contre l'attaque des Séparatistes. Mais, son départ fait également partie d'un plan pour forcer Darth Sidious à se dévoiler. Malheureusement, aucun des Jedi n'a su anticiper la réaction du seigneur Sith.

LA PURGE JEDI

APRÈS AVOIR vaincu les quatre maîtres Jedi venus l'arrêter, le chancelier Palpatine a ordonné à Anakin Skywalker de tuer tous les Jedi du Temple. Cependant, des milliers de généraux Jedi sont encore éparpillés à travers la galaxie. Avant qu'un d'eux ait connaissance des intentions de Palpatine sur Coruscant, le Chancelier déclenche son plan, échafaudé secrètement bien des années plus tôt, en vue d'éradiquer l'Ordre Jedi. Dans le même temps, il pratique la désinformation en faisant croire au Sénat que les Jedi ont tenté de l'assassiner pour s'emparer de la République. À mesure qu'il convainc de nouveaux dirigeants planétaires de la traîtrise des Jedi, les obstacles s'effacent entre Palpatine et le moment où il pourra se proclamer Empereur.

L'ORDRE 66
Sur Utapau, le commandant clone Cody reçoit un holomessage de Palpatine : « Il est temps. Exécutez l'Ordre 66. » Ce protocole prioritaire identifie tous les Jedi comme traîtres à la République et stipule qu'ils doivent être éliminés. Dans toute la galaxie, les commandants clones reçoivent simultanément le même message. Peu après, des centaines de Jedi sont assassinés par leurs propres troupes : c'est la Purge Jedi.

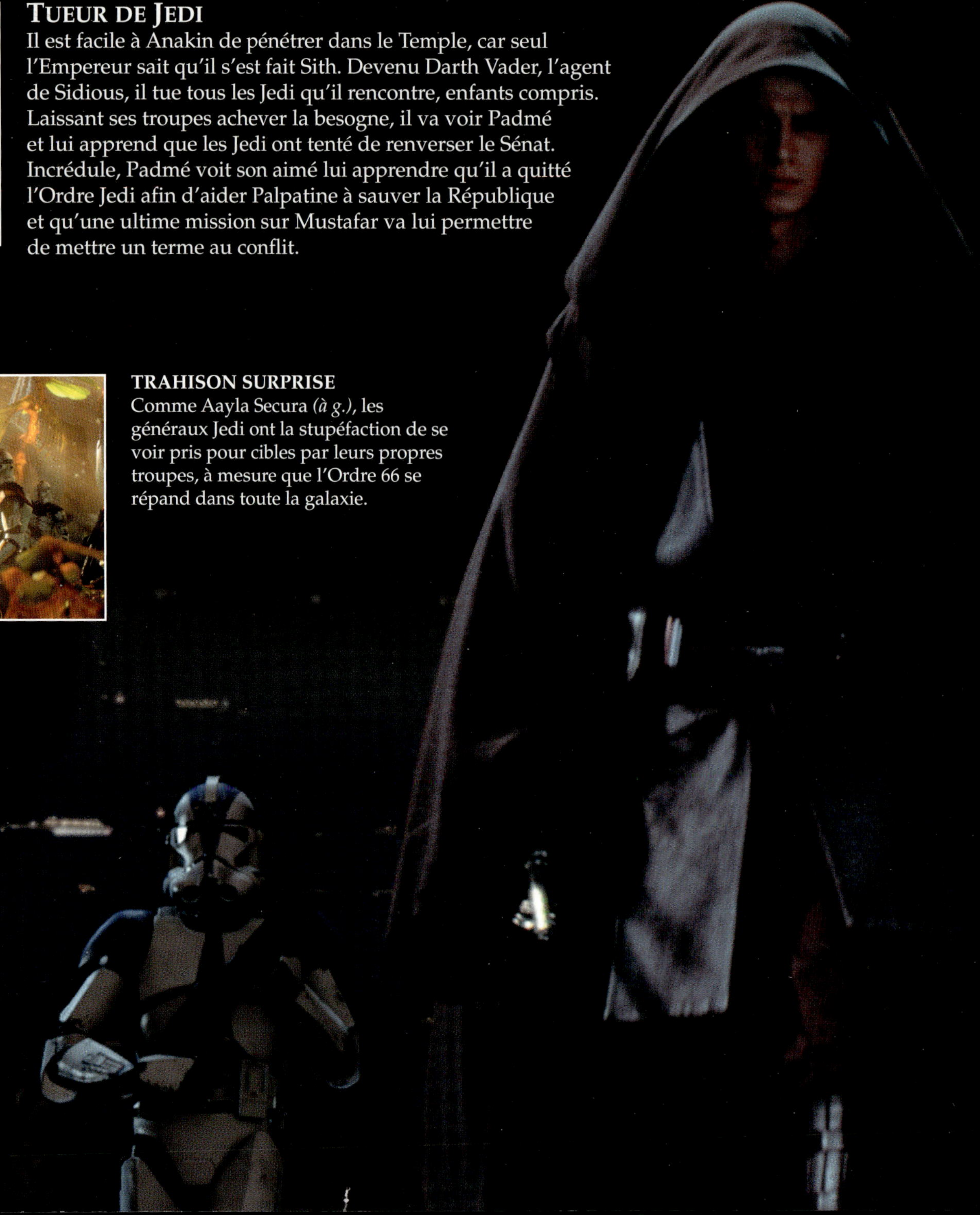

Comme bien d'autres, ce jeune enfant comprend trop tard qu'Anakin n'est pas venu secourir les Jedi assiégés... mais les exterminer.

TUEUR DE JEDI
Il est facile à Anakin de pénétrer dans le Temple, car seul l'Empereur sait qu'il s'est fait Sith. Devenu Darth Vader, l'agent de Sidious, il tue tous les Jedi qu'il rencontre, enfants compris. Laissant ses troupes achever la besogne, il va voir Padmé et lui apprend que les Jedi ont tenté de renverser le Sénat. Incrédule, Padmé voit son aimé lui apprendre qu'il a quitté l'Ordre Jedi afin d'aider Palpatine à sauver la République et qu'une ultime mission sur Mustafar va lui permettre de mettre un terme au conflit.

TRAHISON SURPRISE
Comme Aayla Secura *(à g.)*, les généraux Jedi ont la stupéfaction de se voir pris pour cibles par leurs propres troupes, à mesure que l'Ordre 66 se répand dans toute la galaxie.

UN NOUVEAU RÉGIME
Sur Coruscant, Palpatine prend le Sénat à témoin de la tentative d'assassinat qui l'a défiguré et dont il accuse les Jedi. Il demande aux sénateurs de soutenir un nouveau régime, l'Empire, qu'il se propose de diriger à vie. Une majorité d'élus lui témoigne son enthousiasme.

SURVIVANTS
Ayant survécu à la Purge Jedi (l'Ordre 66), Yoda et Obi-Wan refusent d'obéir à la convocation des Jedi au Temple. Se retrouvant à bord du bâtiment de Bail Organa, le *Tantive IV*, ils conviennent néanmoins qu'ils doivent regagner le Temple afin de couper le signal de rappel.

LE SORT DES SÉPARATISTES
Cachés sur la planète volcanique Mustafar, les dirigeants séparatistes reçoivent un message de Darth Sidious qui leur donne à croire que la guerre des Clones est finie et la paix signée. Alors qu'ils vont désactiver leurs armées droïdes, ils sont exécutés par Darth Vader.

Obéissant aux ordres de son maître, Vader tue Shu Mai et Wat Tambor (ci-dessus). *Le seigneur Sith exécute tous les dirigeants séparatistes, en terminant par Nute Gunray.*

TEMPLE EN FEU
Le *Tantive IV* dépose Obi-Wan et Yoda sur Coruscant. Dans les ruines du Temple Jedi, ils découvrent de nombreux cadavres. Après avoir échappé aux patrouilles de clones, Obi-Wan visionne les enregistrements de sécurité du Temple et découvre de ses propres yeux l'identité du Jedi qui a trahi. Yoda décide alors d'aller trouver l'Empereur, pendant qu'Obi-Wan traquera Darth Vader.

DUEL AU SÉNAT
Face à Yoda, Palpatine déploie à la fois son sabre laser et les éclairs Sith. Yoda finit par être obligé de reculer. Il n'aura pas pu détruire l'Empereur, mais, en survivant, il pourra guider encore au moins un nouvel apprenti vers le bon usage de la Force.

SUFFOCATION

Quand Padmé débarque sur Mustafar, l'homme qu'elle découvre répond encore au nom d'Anakin, mais il ne se comporte déjà plus comme tel. Quand il voit Obi-Wan émerger du vaisseau de Padmé, Vader se croit trahi et utilise la Force pour étrangler son épouse.

SOMBRE RENAISSANCE

À LA RECHERCHE de Darth Vader sur Coruscant, Obi-Wan pénètre dans l'appartement de Padmé qui est soulagée de voir son vieil ami en vie, bien qu'on le dise impliqué dans la trahison des Jedi. Cependant, sa joie cède la place à la perplexité quand elle comprend que celui que traque Obi-Wan n'est autre que son mari, Anakin. Refusant de croire que le père de ses enfants à naître ait pu commettre une vilenie telle que le massacre des jeunes Jedi au Temple, elle chasse Obi-Wan. Peu après, elle se rend sur Mustafar en compagnie de C-3PO, ignorant qu'Obi-Wan a embarqué clandestinement dans son vaisseau. C'est ainsi que, sur Mustafar, Padmé découvre l'atroce vérité sur celui qu'elle aime, et qu'Obi-Wan fait face au monstre gorgé de haine qu'il est chargé de détruire.

Duel sur Mustafar

Vader libère Padmé de son étranglement télékinésique pour affronter Obi-Wan. Tout à leur duel, les deux combattants ne voient pas R2-D2 traîner le corps de Padmé à bord de son vaisseau. Le combat conduit les deux adversaires à travers les installations d'extraction de lave au-dessus des fleuves de magma. À mesure que Vader accentue la pression sur Obi-Wan, ce dernier comprend qu'il tient encore à Anakin et que la seule façon de triompher de lui consiste à renoncer à ce sentiment. C'est ainsi que le combat tourne en faveur du Jedi.

PROPHÉTIE ACCOMPLIE ?

En tuant les dirigeants séparatistes et en anéantissant l'Ordre Jedi, Vader est persuadé d'avoir ramené la paix et la justice dans la galaxie, et rééquilibré la Force. À ses yeux, il a accompli son destin d'Élu. Il ne changera d'opinion qu'à la toute fin de son existence, quand il prendra enfin conscience qu'il existe un pouvoir plus puissant que celui du côté obscur.

RAGE BRÛLANTE

En dépit de son habileté, Vader est battu par Obi-Wan. Privé de ses jambes et d'un bras, il gît, tandis que la lave brûle ses chairs et ses poumons. Pourtant, même à l'agonie, Vader reste persuadé d'avoir bien agi et se considère supérieur aux Jedi. Débordant de colère et de haine, il ne désavoue pas son ralliement au côté obscur.

Au moment où Obi-Wan quitte Mustafar avec Padmé et les droïdes, l'Empereur arrive, après avoir perçu une perturbation dans la Force, pour localiser les restes de Vader.

La chirurgie conventionnelle ne saurait sauver Vader. C'est un droïde médical DD-13 Ubrikkian qui connecte les prothèses robotiques et installe les systèmes vitaux dans le corps ravagé du seigneur Sith.

VADER RECONSTRUIT

La transformation qui permet à Vader de survivre mêle étroitement des technologies de pointe à d'obscures pratiques médicales Sith. Le nouvel organisme de Vader consiste majoritairement en composants machiniques et son uniforme renferme un dispositif de recyclage d'air pour ses poumons abîmés. Une fois sauvé, Vader se construit un nouveau sabre laser à lame rouge pour remplacer celui qu'il a laissé sur Mustafar.

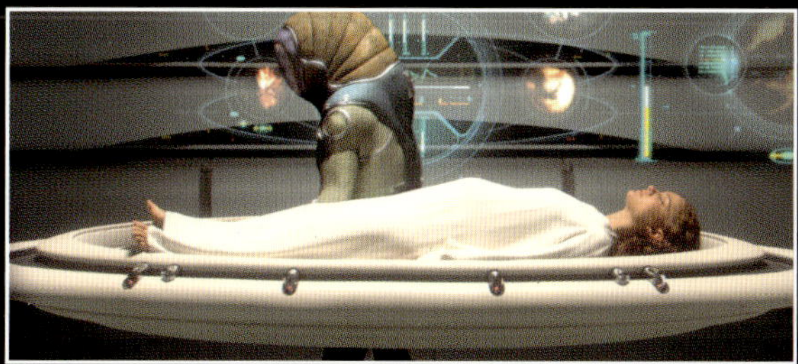

POLIS MASSA

Obi-Wan emmène Padmé, blessée, jusqu'à un dispensaire médical situé sur un astéroïde nommé Polis Massa, où Yoda et le sénateur Bail Organa les rejoignent. Avec l'aide d'un droïde médical, Padmé donne naissance à des jumeaux, un garçon et une fille. Elle les baptise Luke et Leia, avant de succomber.

LE MAL RÉINCARNÉ

L'apprenti de l'Empereur, transporté jusqu'à un centre de reconstruction chirurgicale sur Coruscant, reste pendant plusieurs jours aux soins des droïdes médicaux qui connectent ses terminaisons nerveuses sectionnées à de nouveaux éléments robotiques. Le seigneur Sith se réveille dans une lugubre armure de survie qu'il occupera jusqu'à son dernier jour.

HOMME OU MACHINE ?

Après sa renaissance sous la forme d'un cyborg, Darth Vader apprend par l'Empereur qu'il a lui-même tué sa femme. Ignorant que son maître le trompe, Vader est submergé par la colère, non pas en raison de sa pseudo-culpabilité, mais parce qu'il ressent la perte de Padmé comme une trahison. Son invraisemblable égoïsme achève presque d'engloutir Vader dans le côté obscur de la Force, le rendant quasiment irrécupérable pour l'humanité.

Sur la passerelle d'un Star Destroyer impérial, Darth Vader et l'empereur Palpatine sont rejoints par le gouverneur Wilhuff Tarkin, qui dirige la construction de ce qui deviendra l'arme la plus terrible de l'Empire : l'Étoile Noire.

À la mort de Padmé, Yoda propose de protéger les jumeaux contre les Sith en les séparant. Bail Organa adopte Leia et l'emmène sur Alderaan (ci-contre à g.), *alors qu'Obi-Wan remet Luke à Owen et Beru Lars qui l'élèveront sur Tatooine* (ci-contre à dr.).

LES TEMPS OBSCURS

LES SITH avaient accompli leur vengeance : ils bénéficiaient d'un soutien sans précédent de la part du Sénat, et l'Ordre Jedi était quasiment anéanti. Toutefois, il restait encore à l'Empereur de nombreux mondes à conquérir et il devait affermir son pouvoir. Il autorisa l'exploration de la région du Noyau Sombre galactique, dont l'accès était jusque-là contrôlé. Afin d'illustrer la différence radicale entre son nouvel Empire et l'ex-République, Palpatine fit abattre des pans entiers de l'ancien palais présidentiel de Coruscant et y édifia son Palais Impérial. Quand il devint évident pour tous que les derniers feux de la République s'étaient éteints, l'ombre de l'Empereur s'était étendue sur des milliers de mondes habités.

JEDI EN FUITE

L'ORDRE 66 DE L'EMPEREUR PALPATINE provoque le soulèvement des soldats clones contre leurs commandants, ce qui se traduit par l'anéantissement de l'Ordre Jedi en l'espace d'une journée. Les rares survivants choisissent d'entrer dans la clandestinité, afin d'échapper à la vigilance des agents de l'Ordre Nouveau de l'Empereur Palpatine. Ce dernier délègue à son exécuteur, Darth Vader, la tâche de venir à bout des derniers Jedi. Sur Toola, les rescapés tentent désespérément de prendre la fuite tandis que sur Kessel, d'autres connaissent une fin dramatique. Sur Coruscant, des Jedi rassemblés incognito devant leur ancien Temple se demandent qui désormais les guidera. Ils réaliseront que la survie de leur Ordre repose entre leurs seules mains, et qu'il leur faudra vivre cachés afin que la lumière de la foi Jedi ne s'éteigne pas pendant les Temps Obscurs.

NOIRAH NA
La padawan Noirah Na rêvait de devenir une Jedi, mais depuis que son mentor a été abattu par les soldats clones, son seul souci est de rester en vie. Sous la protection du Maître Kai Hudorra, elle échappe au blocus de Toola en se faisant passer pour un jeune serviteur. Une fois sur Coruscant, le tandem se sépare, et Na tente de se frayer un chemin dans ce monde hostile.

Conscient que les troupes clones qui occupent Toola sont à la recherche de Jedi fugitifs, Maître Hudorra exige que Noirah Na coupe ses cheveux et change de tenue.

KAI HUDORRA
Kai Hudorra, Maître Jedi bothan, a vu sa vie dévastée par l'Ordre 66. Fidèle aux idéaux des Jedi, il prend la padawan Noirah Na sous sa protection lors de leur fuite de Toola. Rejoignant d'autres Jedi à l'extérieur du Temple sur Coruscant, ils mesurent combien leur cause est désespérée. Hudorra conseille à Na de disparaître. Quant à lui, il gagnera sa vie dans les bas-fonds de Coruscant en se mêlant au monde des jeux.

Désespéré par les bouleversements intervenus dans la galaxie, un Jedi se rue sur les soldats clones postés devant le Temple. Impuissants, les Jedi présents assistent à sa mise à mort, puis se fondent en silence dans la foule.

LEUR FLAMME N'ÉCLAIRE PLUS LA GALAXIE
Sitôt créé, Darth Vader traque les Jedi survivants, à la recherche d'Obi-Wan Kenobi. Sur Kessel, huit d'entre eux se rassemblent dans l'espoir d'être suffisamment forts pour vaincre le nouveau Seigneur Sith, mais Vader et les soldats clones de la 501e Légion ravagent la forteresse et n'en épargnent aucun.

ÊTRE UN JEDI
Le combat de Dass Jennir prend un tour sinistre quand les Impériaux capturent les familles de ses guérilleros nosauriens, afin de les vendre comme esclaves. Jennir se rend sur Orvax pour secourir son ami Bomo Greenbark mais, confronté à la cruauté et l'injustice, sa morale de Jedi est ébranlée, et il glisse vers le côté obscur.

Dass Jennir n'est pas le seul Jedi à voir sa foi éprouvée : certains passent à l'Empire et deviennent les « Jedi Noirs » personnels de Palpatine. D'autres, comme Obi-Wan Kenobi et Yoda, s'exilent en attendant que la Force retrouve son équilibre.

DASS JENNIR
Alors que la Guerre des Clones touche à sa fin, Maître Dass Jennir conduit des soldats clones au combat contre les Nosauriens alliés aux Séparatistes sur Néo-Plympto. Mais l'Ordre 66 change la donne, et il s'avère que seuls les Nosauriens peuvent le secourir. Se découvrant alors une vocation de résistant, il prend la tête de troupes de combattants nosauriens et assaille l'armée impériale de Palpatine.

Sur l'ordre de Palpatine, des pans entiers de l'ancien palais présidentiel de Coruscant sont abattus. Désormais le plus haut édifice de la planète, le nouveau Palais Impérial dispose d'espaces ouverts pouvant accueillir un Star Destroyer de classe Victory.

L'EMPIRE DU MAL

L'EMPIRE AYANT SUCCÉDÉ à la République, nombreux sont ceux qui sont reconnaissants à l'empereur Palpatine d'avoir nettoyé le Sénat de sa corruption endémique et lui font confiance dans sa volonté affichée de restaurer l'équilibre galactique. Peu comprennent que le Nouvel Ordre Impérial repose sur la tyrannie et la haine des non-humains. Les aliens sont non seulement persécutés mais asservis, et les financements sociaux sont transformés en crédits militaires d'une ampleur sans précédent. Quand les sujets de l'Empire comprennent qu'ils sont maintenus dans un état de peur au nom de la « stabilité », Palpatine dispose d'une terrifiante Marine impériale, il s'est rallié le soutien de Soleil Noir, le syndicat du crime, et il a éliminé la plupart de ses adversaires.

L'EMPEREUR

Libéré de toute contrainte légale, politique ou financière, l'empereur Palpatine conçoit une force militaire unique dans l'histoire de la galaxie. La Marine impériale sera confiée aux Moffs – des commandants militaires – afin que Palpatine puisse se consacrer exclusivement à l'étude du côté obscur de la Force. Ses efforts pour percer les secrets de la vie éternelle passent par des expériences de clonage. L'Empereur quitte rarement son palais de Coruscant et est sous la protection constante de ses gardes royaux écarlates.

NAVETTES IMPÉRIALES
La navette de classe *Lambda* de Sienar Fleet Systems qui équipe presque exclusivement l'Empire dispose d'un hyperdrive, de canons laser et de boucliers déflecteurs, rendant une escorte inutile. La navette personnelle de l'Empereur comprend, en outre, un camouflage d'invisibilité.

Wilhuff Tarkin *est le premier militaire de haut rang à être promu Grand Moff, le sommet de la hiérarchie navale impériale. L'Empereur lui accordera même certaines prérogatives sur Darth Vader.*

Après la mort d'Alexi Garyn, le prince Xizor *s'élève dans la hiérarchie de Soleil Noir jusqu'à prendre la tête du syndicat criminel. Il saura s'attirer les faveurs de l'Empereur.*

Élevée par Palpatine, Mara Jade, *est sensible à la Force et est l'un des agents d'élite de son maître. Ses talents lui vaudront le surnom de « La main de l'Empereur ».*

Inconditionnellement fidèles à l'Empereur, les Gardes Rouges tels que Kir Kanos *suivent un entraînement spécial afin de pouvoir le protéger en toutes circonstances.*

DIGNITAIRES IMPÉRIAUX
L'Empereur sélectionne lui-même ses conseillers parmi les dignitaires de milliers de mondes différents. Chacun d'eux a pour tâche de collecter des informations sur l'un de ses rivaux, ce qui dissuade les alliances secrètes. Afin de les maintenir tous dans un climat d'insécurité, l'Empereur n'en rencontre que douze à la fois et en favorise quelques-uns. Quand il désire un nouveau conseiller, il fait tuer l'un des anciens.

DARTH VADER
Premier agent de l'Empereur – et sa création la plus diabolique –, Darth Vader est l'incarnation de la terreur. Si l'Empereur reste confiné dans son palais, Vader, lui, voyage énormément et, pour beaucoup, son masque noir est « le visage de l'Empire ». Il emploie les moyens mis à sa disposition pour écraser l'adversité, mais recourt aussi à la propagande pour attirer vers l'Empire des alliés tels que les Noghris d'Honoghr, dont il fait ses tueurs personnels.

TUEUR DE JEDI
Yoda et Obi-Wan Kenobi ne sont pas les seuls survivants de la Purge Jedi. De nombreux Jedi ont préféré abandonner l'Ordre plutôt que de prendre part à la guerre des Clones au nom de la République, d'autres se sont exilés. L'Empereur ayant chargé Darth Vader d'éliminer les derniers Jedi, il en tue beaucoup au fil des ans. Sur des renseignements fournis par Mara Jade, il traque la Femme Sombre sur la Bordure Extérieure ; là, au terme d'un âpre combat, Vader remporte une nouvelle victoire pour le compte de son maître.

LA PUISSANCE IMPÉRIALE

SES PRINCIPAUX OPPOSANTS éliminés, l'empereur Palpatine est libre de consacrer tous ses moyens à l'édification d'une puissance militaire jamais égalée dans l'histoire galactique. Les vaisseaux de la guerre des Clones ont été remplacés par des bâtiments plus gros et plus lourdement armés. Des humains mâles – notamment ceux qui ont des préjugés envers les aliens – sont recrutés dans les académies militaires pour commander les troupes clones. Ceux qui refusent de s'enrôler sont versés dans l'infanterie ou éliminés. Des formations spécialisées mènent à la création d'une nouvelle élite militaire, depuis les scout troopers pleins de ressources jusqu'aux pilotes de chasseurs TIE redoutablement efficaces. S'appuyant sur cette flotte terrifiante et disposant d'une quantité inépuisable de troupes, Palpatine domine les mondes autrefois républicains et en force d'autres à rejoindre l'Empire.

ACADÉMIE IMPÉRIALE

Pour recruter les officiers humains destinés à encadrer les troupes clones, l'Empire s'est tourné vers l'Académie, une institution plurispécifique qui, sous l'Ancienne République, préparait les étudiants aux domaines de l'exploration, de l'armée et du commerce. Devenue l'Académie navale impériale sous Palpatine, ses étudiants sont nourris de propagande raciste anti-aliens. Cette philosophie élitiste et ses applications sur le terrain sèmeront les graines de la rébellion sur des milliers de mondes à travers toute la galaxie.

ENTRAÎNEMENT DES TROUPES

Le plus important des centres de formation militaire se trouve sur la planète Carida, un monde où la gravité est forte et les reliefs variés. Sa citadelle principale est ceinturée d'un rempart que seuls les véhicules impériaux peuvent franchir.

PILOTES D'ÉLITE

Fils de fermiers corelliens, Soontir Fel a appris à piloter sur un skyhopper. À 18 ans, il est entré à l'Académie militaire de Carida où il a souvent rivalisé au simulateur de vol avec un autre Corellien, le cadet Han Solo. Devenu instructeur navigant à l'Académie de Prefsbelt IV, il ambitionnait d'entrer dans la garde rapprochée du Grand Moff Tarkin, mais il a connu la disgrâce quand deux de ses élèves, Derek « Hobbie » Klivian et Biggs Darklighter, se sont mutinés. Racheté pour avoir transformé les têtes brûlées de la 181e escadrille de chasse impériale en une unité d'élite, il finira par accéder au titre de baron de l'Empire.

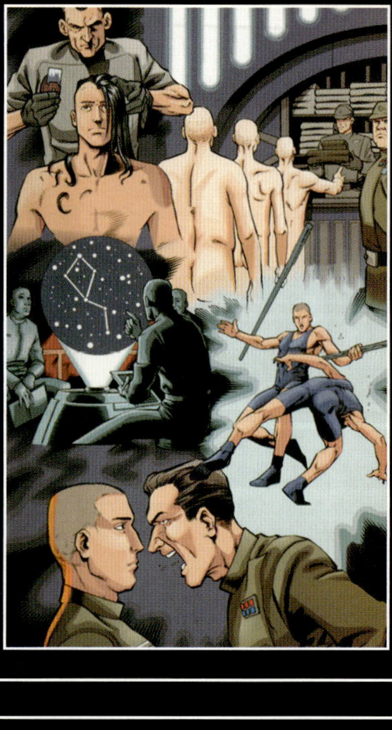

Ayant quitté Corellia, sa planète natale, Soontir Fel est endoctriné à l'Académie militaire impériale de Carida.

STAR DESTROYERS
Emportant une puissance de feu capable d'anéantir toute une civilisation, un Star Destroyer de classe *Imperial* est si impressionnant que sa seule vue incite à la soumission. Néanmoins, on a vu des appareils légers lui échapper, notamment un certain cargo corellien en piteux état...

Les pilotes de chasseurs TIE *sont formés pour détruire leur cible, fût-ce au sacrifice de leur propre vie.*

Les snowtroopers, *ou troupes d'assaut des neiges, opèrent aux côtés des TB-TT dans les environnements les plus froids.*

Les scout troopers, *destinés à la reconnaissance en territoire ennemi, sont formés pour être totalement autonomes.*

Choisi parmi les meilleurs, le pilote de TB-TT *est seul aux commandes, le copilote faisant office de navigateur et de canonnier.*

FORCE IMPÉRIALE
Tout comme les soldats clones ont docilement servi la République dans tous les combats de la guerre des Clones, les stormtroopers impériaux sont d'une fidélité totale à l'Empereur. Dans leur armure blanche, ils constituent le fer de lance des forces terrestres de Palpatine.

CHASSEUR TIE
Le chasseur TIE à moteur ionique jumelé est rapide et souple. Dépourvu de bouclier défensif et d'équipement de survie, il est remplaçable à volonté, comme son pilote.

TB-TT
Véritable bunker mobile, le Transport Blindé-Tout Terrain, haut de 15 mètres, dispose de canons lourds et de blasters à courte portée.

SPEEDER BIKE
Conçu pour la reconnaissance et l'infiltration rapide en territoire ennemi, le speeder bike à répulseur peut atteindre 500 km/h.

BANDITS ET TRAFIQUANTS

L'EMPIRE a beau s'étendre sans cesse, certains individus lui échappent encore. Quelques-uns s'installent sur des planètes non répertoriées, mais beaucoup d'autres ne pensent qu'à s'enrichir. Toutes sortes de trafics apparaissent, et les organisations criminelles en profitent pour prospérer. Les gangsters les plus puissants n'ignorent pas que la meilleure façon de ne pas fâcher l'Empire consiste à faire des affaires avec lui. Parmi ces entreprises crapuleuses figure Xizor Transport Systems, une société de transport florissante qui est aux mains du dirigeant de Soleil Noir. De nombreux officiers impériaux doutent de l'existence de cette dernière organisation, pourtant l'empereur Palpatine lui-même confie à Xizor certaines missions de transport secrètes.

À bord d'un transport d'esclaves, le lieutenant Han Solo découvre Chewbacca qui vient de libérer des enfants wookiees.

HAN SOLO ET CHEWBACCA

Sorti de l'Académie militaire de Carida en tête de sa promotion, le Corellien Han Solo, pilote et ex-bandit, voyait son avenir radieux. Pourtant, tout a changé le jour où, ayant refusé d'abattre un renégat wookiee à bord d'un vaisseau de transport d'esclaves, il s'est vu chassé de la Marine impériale pour insubordination. Depuis, obéissant à la coutume de son espèce, le Wookiee a voué sa vie à son sauveteur. Solo se montre d'abord réticent, mais le tandem finit par s'associer pour faire de la contrebande.

Expert au jeu de sabacc, Lando Calrissian a gagné et perdu des fortunes dans toute la galaxie.

LANDO CALRISSIAN

Joueur professionnel, Lando Calrissian a gagné le *Faucon Millennium* à une partie de sabacc, mais il ne savait pas piloter le cargo corellien. Sur Nar Shaddaa, il a empêché le chasseur de primes Boba Fett d'arrêter le trafiquant Han Solo, lequel lui a donné gratuitement des cours de pilotage en retour. Curieusement, Solo a fini par gagner le *Faucon* contre Calrissian lors d'une autre partie de sabacc.

GREEDO

Greedo est un Rodian présomptueux. Son père, Greedo l'Aîné, était un chasseur de primes qui avait grandi sur Tatooine, où il s'était frotté à Anakin Skywalker après que ce dernier ait remporté la Classique de Boonta Eve. Greedo le fils, lui, a grandi sur Nar Shaddaa, où sa mère fut tuée lors d'une attaque impériale. Débarqué sur Tatooine en compagnie de Dyyz Nataz et Spurch « Warhog » Goa, deux chasseurs de primes professionnels, il traîne à Mos Eisley dans l'espoir d'imiter son père, mais il n'en a pas les capacités et sa réputation est celle d'un voyou malodorant.

Boba Fett a affronté Darth Vader sur Maryx Minor, après que le seigneur Sith l'ait doublé. Ils ont survécu l'un et l'autre, et Vader a une certaine estime pour le chasseur de primes.

BOBA FETT

Après la mort de Jango Fett, Boba Fett est devenu encore plus célèbre que son père. Comme la plupart des chasseurs de primes, il travaille pour l'argent, mais il lui arrive d'accepter en paiement une arme mandalorienne rare qu'il ajoute à son arsenal personnel déjà considérable. La Guilde des Chasseurs de Primes voudrait bien qu'il la rejoigne, mais Boba Fett refuse d'adhérer à quelque organisation que ce soit.

SOLEIL NOIR ET LES HUTTS

Le prince Xizor, un Falleen, est à la tête du plus vaste syndicat du crime de la galaxie : Soleil Noir. Jabba le Hutt dirige le clan hutt Desilijic. Le territoire de Soleil Noir étant plus étendu que celui des organisations hutts, Xizor pense que Jabba lui est inférieur, mais Jabba ne l'entend pas ainsi.

EPHANT MON

Chevin pachydermique de la planète Vinsoth, Ephant Mon est un mercenaire et un trafiquant d'armes. Il est aussi ce qui ressemble le plus à un ami pour Jabba le Hutt, dont il assure la sécurité rapprochée depuis qu'une tentative commune pour piller une cache d'arme impériale sur la planète neigeuse de Glakka a échoué, suite à la trahison d'un membre de l'entourage de Jabba.

RÉBELLION CHEZ LES DROÏDES

Séparés accidentellement de leur maître le capitaine Antilles, R2-D2 et C-3PO subissent nombre de déconvenues. C'est ainsi que sur Nar Shaddaa, un C-3PO reprogrammé se retrouve à la tête d'une cargaison de droïdes en rébellion contre leur propriétaire hutt, Boonda. Après que R2-D2 ait réinitialisé C-3PO, ils connaissent bien d'autres aventures avant de retrouver le navire du capitaine Antilles, le *Tantive IV*.

L'ÉTOILE NOIRE

AVEC SES 120 kilomètres de diamètre, la terrifiante Étoile Noire, conçue comme « un planétoïde expéditionnaire de combat », est l'un des plus gros vaisseaux spatiaux jamais construits. Son équipage au complet dépasse le million de membres, auquel s'ajoute une force de sécurité de 25 000 stormtroopers et plus de 400 000 droïdes. Son armement comprend 10 000 turbolasers, 2 500 canons laser, 2 500 canons à ions et 768 rayons tracteurs longue portée. Mue par un gigantesque réacteur à fusion, l'Étoile Noire peut voyager dans l'hyperespace et son armement offensif peut anéantir toute une planète.

Le Grand Moff Tarkin

Chef d'orchestre de la construction de l'Étoile Noire, le Grand Moff Wilhuff Tarkin, ex-lieutenant gouverneur d'Eriadu, fut le premier dirigeant impérial à accéder au grade de Grand Moff. Tarkin pense que les humains sont supérieurs aux aliens et que la meilleure façon de vaincre l'adversaire est de le priver d'espoir. L'Étoile Noire illustre bien sa doctrine : « Régner par la menace de la violence plutôt que par la seule violence ».

DESTRUCTRICE DE MONDES

L'arme primordiale de l'Étoile Noire est un superlaser combinant huit rayons émis en alternance et constituant une décharge d'énergie qui est plus puissante, à elle seule, que la moitié de toute la flotte impériale. Une fois le tir effectué, le rechargement prend 24 heures, aussi les canonniers de l'Étoile Noire sont-ils entraînés pour faire mouche du premier coup.

Depuis des postes de contrôle répartis dans les huit puits, des équipes de canonniers ajustent les pulsations de chacun des rayons d'énergie qui constituent le superlaser.

Le général Tagge, *tacticien de l'Armée Impériale.*

L'amiral Motti, *responsable opérationnel de l'Étoile Noire.*

Le Grand Moff Tarkin, *commandant de l'Étoile Noire.*

OFFICIERS DE BORD

Le Sénat impérial étant contrôlé par Palpatine, le véritable pouvoir est celui des militaires. Le rôle de la Marine est de combattre la piraterie spatiale et de transporter les troupes, alors que l'Armée assure le maintien de l'ordre. Palpatine finit par procéder à un remaniement qui confond les deux armes, provoquant des rivalités comme celle qui oppose le général Tagge et l'amiral Motti.

TURBOLASERS DÉFENSIFS

La surface de l'Étoile Noire est hérissée de puissantes tours turbolaser, mais leur lenteur de rotation et le temps nécessaire à leur rechargement créent des lacunes dans le système défensif de la station spatiale, même si les ingénieurs impériaux sont persuadés que l'Étoile Noire est invulnérable.

En soutien aux systèmes d'armes automatiques, des canons laser manuels sont nécessaires pour repousser les attaques de chasseurs.

INGÉNIEUR IMPÉRIAL

L'ingénieur en chef de l'Étoile Noire est Bevel Lemelisk. Il en a également conçu le prototype, qui était la toute première arme à superlaser. En dépit de sa réputation, Lemelisk n'a rien d'un perfectionniste, mais grâce à ses relations parmi les officiels de l'Empire, nul n'ose contester ses capacités. Pourtant, l'Empereur tiendra Lemelisk personnellement responsable du point faible de l'Étoile Noire.

Pour les préserver des piratages informatiques, Bevel Lemelisk a tracé les plans de son prototype sur des supports recyclables où les traits s'effaçaient d'eux-mêmes en peu de temps.

LA GUERRE CIVILE

RARES SONT CEUX qui ont osé contester l'Empire ; ceux qui s'y sont risqués ont été réduits en esclavage, voire au silence. En réaction au régime oppresseur de Palpatine, la Rébellion est née de propos échangés à voix basse entre quelques individus, tels les sénateurs Bail Organa et Mon Mothma. Au fil de réunions secrètes, une résistance s'est organisée, sous le nom d'Alliance pour la Restauration de la République, que l'Empire désignera comme l'Alliance Rebelle. Malheureusement, l'une de ses dirigeantes, la princesse Leia Organa d'Alderaan, a attiré l'attention de Darth Vader qui suspectait les « missions humanitaires » qu'elle effectuait sur des mondes dévastés par l'Empire d'être en fait des actions subversives au service de l'Alliance. À bord de son Star Destroyer, Darth Vader poursuit le navire diplomatique de la princesse, le *Tantive IV*, jusque dans le système de Tatooine – qui est la planète natale et détestée du seigneur Sith.

Bail Organa organise la résistance contre Palpatine.

LA MISSION DE LEIA

SOUS LE RÈGNE DE PALPATINE, le Sénat se désagrège lentement, mais une jeune sénatrice, la princesse Leia Organa d'Alderaan, ose contester la politique de l'Empereur. Grâce à son immunité diplomatique et aux informations qu'elle collecte en tant que sénatrice, elle aide son père, Bail Organa, à élargir l'Alliance Rebelle. En mission humanitaire sur la planète Ralltiir, elle apprend que l'Empire est en train de construire une arme gigantesque. Des espions rebelles lui en ayant fait parvenir les plans, elle se rend sur Tatooine pour demander son aide à Obi-Wan Kenobi.

CORVETTE CORELLIENNE

Équipée d'une motorisation infraluminique mais puissante et d'un calculateur de saut hyperspatial efficace, une corvette corellienne telle que le vaisseau diplomatique de la princesse Leia, le *Tantive IV*, est idéale pour échapper aux appareils de l'Empire et forcer les barrages. Toutefois, elle sera capturée par le Star Destroyer *Devastator*.

SINISTRE RENCONTRE

À sa première visite sur Coruscant, Leia assiste à une réception au Palais Impérial, où elle rencontre l'Empereur et Darth Vader. Malgré leurs pouvoirs, aucun des deux ne remarque quoi que ce soit à propos de Leia, laquelle ignore tout de sa véritable généalogie. Perturbée par cet entretien, Leia devient une sénatrice résolument vouée au triomphe de la justice.

LE SEIGNEUR SOMBRE

Darth Vader monte à bord du *Tantive IV* pour trouver les plans volés de l'Étoile Noire. Orbitant autour de la planète qui l'a vu naître, des souvenirs longtemps enfouis l'emplissent d'une colère froide.

MESSAGE SECRET

Se sachant prise, Leia décide de confier les plans de l'Étoile Noire à R2-D2 et fait enregistrer à l'astromec un message destiné à Obi-Wan Kenobi. Peu après, elle est capturée par des stormtroopers qui ne prêtent aucune attention à R2-D2, lequel se dirige vers une capsule de sauvetage.

KYLE KATARN

Agent spécial de l'Alliance, Kyle Katarn infiltre un complexe impérial ultrasecret sur la planète Danuta pour y dérober les plans secrets de l'Étoile Noire, puis il les transmet au vaisseau de la princesse Leia Organa. Dans les années qui suivront, Katarn remportera de nombreuses batailles contre l'Empire, avant de se découvrir sensible à la Force.

JOYAU DE LA GALAXIE

La beauté du ciel et des montagnes enneigées d'Alderaan, le monde natal de la princesse Leia, est célèbre dans toute la galaxie. Dirigée démocratiquement par le vice-roi et Premier président Bail Organa, la planète est, depuis de nombreux millénaires, un pivot en matière de politique, d'exploration et de culture. Des vaisseaux d'exploration alderaaniens ont ouvert la plupart des routes commerciales majeures à travers la galaxie, et des colons partis d'Alderaan ont conquis les mondes les plus lointains. La planète ne dispose d'aucun armement ni de forces militaires, mais ça n'a pas toujours été le cas.

PRINCESSE REBELLE

La princesse Leia Organa, plus jeune membre du Sénat de l'Empire, s'est vouée à l'Alliance Rebelle. Aussi aguerrie en politique qu'en matière militaire, elle est, en outre, un tireur d'élite au blaster.

DIPLOMATE

Devant Darth Vader, Leia nie avoir eu connaissance de transmissions reçues par son vaisseau de la part d'espions rebelles et déclare qu'elle effectuait une mission diplomatique sur Alderaan. Vader ordonne qu'elle soit emmenée, puis il fait émettre par le *Tantive IV* un signal de détresse destiné à faire croire au Sénat que l'équipage a été tué par des inconnus et non par des troupes impériales.

FUITE VERS TATOOINE

C'est à contrecœur que C-3PO suit R2-D2 dans une capsule de sauvetage dont l'éjection du *Tantive IV* est attribuée à un court-circuit, les scanners du *Devastator* ne décelant aucune trace de vie à l'intérieur. Quand il apprend que les plans de l'Étoile Noire ne sont plus à bord du vaisseau de Leia, Darth Vader envoie des troupes sur Tatooine à la recherche de la capsule.

SKYWALKER, LE FILS
Tout comme son père avant lui, Luke rêve de vivre des aventures qui l'emmèneront loin de sa planète déserte.

LE DESTIN DE LUKE

SOUS LA SURVEILLANCE invisible d'Obi-Wan, les fermiers Owen et Beru Lars élèvent le jeune Luke Skywalker comme leur fils et successeur. Luke, lui, ne rêve que d'aventures. Un jour où son ami d'enfance Windy et lui se sont égarés dans un canyon du Jundland, ils sont secourus par Obi-Wan, qui se fait désormais appeler « Ben », qui les raccompagne jusqu'à l'exploitation des Lars. Luke, qui s'attendait à ce que son oncle témoigne de la reconnaissance à Ben, constate avec stupéfaction qu'Owen chasse son sauveteur et lui interdit de revenir. Des années plus tard, après l'achat d'une unité R2 et d'un droïde de protocole à des Jawas, ils se retrouveront dans des circonstances funestes.

Alors qu'il répare un vaporateur d'humidité, Luke assiste, dans ses macrobinoculaires, à un combat spatial.

ESPRIT ENFIÉVRÉ
Luke grandit, persuadé que ses parents sont morts. Il croit que son père était navigateur dans un cargo d'épices. L'univers de la ferme ne l'intéresse pas, et son oncle ne l'y retient « que jusqu'à la prochaine saison ». La plupart de ses amis sont partis, et lui-même voudrait pouvoir quitter Tatooine, mais il craint d'être condamné pour des années encore à assister au même double coucher de soleils.

GARDIENS DE LUKE
Afin de protéger Luke de Vader et de l'empêcher de suivre les pas de son père, Owen et Beru Lars lui ont caché son ascendance Jedi. Owen aimerait que Luke s'intéresse à la ferme, mais il ne le retiendra pas. Son premier souci reste la sécurité de Luke.

Ayant été capturés par des Jawas, R2-D2 et C-3PO sont vendus à la famille de Luke. Concentré sur l'imminence des récoltes, Owen Lars ne reconnaît pas en C-3PO le droïde de protocole de Shmi Skywalker.

À l'ouest du Xelric Draw, les Jawas surveillent les abords de leur forteresse montagnarde contre les attaques des Tuskens.

LES JAWAS

Natifs de Tatooine, les Jawas sont des créatures qui vivent et voyagent en clans. Ces pillards portés sur la ferraille ont le don de transformer le moindre bout de métal en pièce mécanique, comme en témoignent ces épaves de transports de minerais dont ils ont fait leurs sandcrawlers, ou « chenilles des sables ». Néanmoins, les colons savent que les bricolages des Jawas ne tiennent jamais longtemps.

RÉVÉLATIONS DANS L'ATELIER

Luke joue avec une maquette de skyhopper T-16 pendant que C-3PO – qui ne se rappelle ni la ferme des Lars ni le nom « Skywalker » car sa mémoire a été effacée voilà des années – prend un bain d'huile. À la surprise de Luke, C-3PO admet que R2-D2 et lui connaissent la Rébellion et qu'ils ont même pris part à des combats.

MESSAGE MYSTÉRIEUX

En nettoyant R2-D2, Luke déclenche la projection d'un fragment d'holomessage destiné à Obi-Wan Kenobi. C-3PO, programmé pour ne pas révéler l'identité de Leia, déclare qu'elle n'était qu'une passagère lors de leur dernier voyage.

À LA RECHERCHE DE R2-D2

À la nuit tombée, R2-D2 s'enfuit de la ferme des Lars pour retrouver Obi-Wan Kenobi. Luke et C-3PO, craignant les Pillards Tuskens, attendent l'aube pour partir à sa recherche. Le droïde de protocole prend les commandes du landspeeder pendant que Luke scrute les environs pour y découvrir la trace de R2-D2.

BIGGS DARKLIGHTER

Le meilleur ami de Luke est Biggs Darklighter, un pilote émérite. Biggs, lui, a pu quitter Tatooine et s'inscrire à la prestigieuse Académie. Sa formation achevée, il vient d'être nommé second à bord du *Rand Ecliptic*. Biggs confie également à Luke qu'il s'est fait certains amis à l'Académie, et qu'ils ont l'intention de passer dans le camp de l'Alliance Rebelle.

Sur le toit de la station Tosche, Luke raconte à Fixer, Camie et Biggs le combat spatial auquel il a assisté au-dessus de Tatooine, mais ses amis se montrent sceptiques.

UN JEDI EN EXIL

VINGT ANS DURANT, Obi-Wan Kenobi a vécu seul dans le désert de Tatooine. Il est le gardien secret de Luke Skywalker. Seuls Owen et Beru Lars savent qu'il est un Jedi, mais sa grande maîtrise de lui-même, ainsi que sa faculté de communiquer avec les animaux, lui ont valu une réputation de sorcier, et le Peuple des Sables lui-même garde ses distances. Son isolement l'a peut-être rendu un peu excentrique, mais il ne se sent pas seul car la Force l'accompagne toujours. Depuis que l'esprit de Qui-Gon Jinn lui a appris à fondre sa conscience dans la Force, il place de grands espoirs dans l'avenir de Luke.

ATTAQUE TUSKEN
Quand Luke et C-3PO retrouvent R2-D2, le capricieux petit astromec leur annonce que des créatures s'approchent. Au lieu de fuir, Luke s'empare de son fusil à projectiles et, avec ses macrobinoculaires, il fouille les environs avec curiosité à la recherche du Peuple des Sables – connus aussi comme « Pillards Tuskens ». Peu après, Luke et C-3PO tombent dans une embuscade.

LE SORCIER SE DÉVOILE
Surveillant discrètement le voyage de Luke dans les plaines du Jundland, Ben Kenobi utilise ses pouvoirs pour sauver Luke, inconscient, des Pillards Tuskens. Quand Luke informe Ben que R2-D2 recherche Obi-Wan Kenobi, Ben lui révèle sa véritable identité.

Endommagé lors de l'attaque des Tuskens, C-3PO est aidé par Ben et Luke. Ben a reconnu C-3PO et R2-D2, mais il choisit de se taire.

CHEZ BEN
Ben habite une baraque en pisé autrefois abandonnée par un colon fermier. Dans son atelier du sous-sol, il construit des appareils qu'il échange aux Jawas contre de la nourriture.

LE SENS DU DEVOIR
Chez Ben, R2-D2 accomplit sa mission en diffusant au général Obi-Wan Kenobi le message holographique de la princesse Leia. Dans cet enregistrement, elle explique que R2-D2 transporte des informations vitales pour la Rébellion et supplie Kenobi d'apporter l'astromec à son père, Bail Organa, sur Alderaan. Ben demande son aide à Luke mais celui-ci, se sentant incapable d'abandonner son oncle, accepte seulement d'emmener Ben jusqu'à Anchorhead.

LE SABRE LASER D'ANAKIN
« Ton père te le destinait », déclare Ben à Luke en lui remettant le sabre laser d'Anakin. En réalité, Vader ignore tout de l'existence de Luke, et Ben juge prudent de cacher à Luke la vérité sur son père.

JAWAS MASSACRÉS
Sur le chemin d'Anchorhead, le groupe de Luke rencontre l'épave du sandcrawler des Jawas qui ont vendu C-3PO et R2-D2 à Owen Lars. Les corps des Jawas jonchent les alentours. L'attaque porte la marque des Pillards Tuskens, mais Ben découvre qu'il s'agissait en réalité de stormtroopers. Luke comprend que l'Empire recherche les droïdes et, craignant pour son oncle et sa tante, il se hâte de regagner la ferme.

VICTIMES DE L'EMPIRE
Luke regagne la ferme trop tard pour sauver Owen et Beru. Devant les restes de son oncle et de sa tante, il perd tout respect pour l'Empire : désormais, il est déterminé à prendre le parti des Rebelles. Rejoignant Ben et les droïdes, il se propose d'aider Ben à atteindre Alderaan et déclare vouloir devenir un Jedi, comme son père avant lui.

DRAGONS KRAYTS
Afin d'effrayer les Pillards Tuskens qui menacent Luke, Ben imite le cri terrifiant du dragon krayt, cet énorme reptile carnivore qui compte parmi les plus redoutables créatures de toute la Bordure Extérieure. Les dragons krayts habitent les montagnes et les cavernes de Tatooine, et leurs griffes sont capables de traverser le duracier. Leur gésier renferme de magnifiques perles, dont la difficulté de tuer un dragon fait tout le prix. Les jeunes Tuskens affrontent les dragons krayts en guise de rituel de passage à l'âge adulte.

BARRAGE IMPÉRIAL
Arrêté par des stormtroopers à l'entrée de Mos Eisley, Luke regarde Ben utiliser la Force pour leur faire croire que les deux droïdes ne sont pas ceux qu'ils recherchent.

VERS ALDERAAN

Après avoir incinéré les corps des Jawas assassinés, Luke, Ben et les droïdes passent la nuit à Bestine avant de se rendre au spatioport (ou astroport) de Mos Eisley où ils comptent trouver un pilote pour les emmener sur Alderaan. À cause de la faible présence de l'Empire sur Tatooine, Mos Eisley abrite quantité de trafiquants, dont le mercenaire corellien Han Solo. Il accepte de conduire le groupe sur Alderaan, mais quand il découvre que ses passagers ont l'Empire aux trousses, il regrette de ne pas avoir négocié une avance plus conséquente. Pendant que le *Faucon Millennium* voyage en hyperespace, Ben apprend à Luke comment utiliser la Force pour manier son sabre laser. Quand le vaisseau émerge dans l'espace réel, sa coque est percutée par d'innombrables débris rocheux, et Solo comprend qu'Alderaan a été anéantie.

Coup de chaud à la Cantina

À la Cantina de Mos Eisley, Ben rencontre Chewbacca, le copilote de Han Solo. Avant que le Wookiee ait eu le temps de présenter Ben à son partenaire, Luke est abordé par deux criminels, le Dr Evazan et Ponda Baba. Ben tente de calmer la situation, mais les deux truands dégainent leurs blasters ; Ben allume son sabre laser et se débarrasse des deux agresseurs, laissant Ponda Baba manchot.

HAN SOLO EMBAUCHÉ
Commandant du *Faucon Millennium*, Han Solo prétend que son vaisseau bat de vitesse ceux de l'Empire, puis il négocie âprement son tarif. Luke s'impatiente, ignorant que Solo a autant besoin de cet argent qu'eux d'atteindre Alderaan : en effet, lors d'un récent transport de contrebande, Solo a dû larguer sa cargaison d'épices avant un contrôle impérial. Il a échappé à l'arrestation, mais désormais Jabba le Hutt lui réclame le remboursement de la marchandise perdue.

LE GROUPE DE LA CANTINA
Les Modal Nodes sont un quintet fort populaire de musiciens biths. Leur leader, Figrin D'an, est un virtuose du kloo et un parieur averti. À son arrivée sur Tatooine, le groupe a été engagé par Jabba le Hutt, mais il est tombé en disgrâce pour avoir accepté de se produire au mariage de son éternelle adversaire, Lady Valarian. Par chance, ils ont échappé à la désastreuse cérémonie et trouvé du travail à la Cantina de Mos Eisley.

LA DESTRUCTION D'ALDERAAN

À bord de l'Étoile Noire, Leia subit un interrogatoire, mais elle refuse de révéler l'emplacement de la base des Rebelles. Quand le Grand Moff Tarkin menace d'utiliser le superlaser de la station spatiale sur Alderaan, Leia avoue que les Rebelles sont sur Dantooine. Inflexible, Tarkin ordonne à l'amiral Motti d'ouvrir le feu sur la planète de Leia.

Horrifiée, Leia assiste à la destruction d'Alderaan.

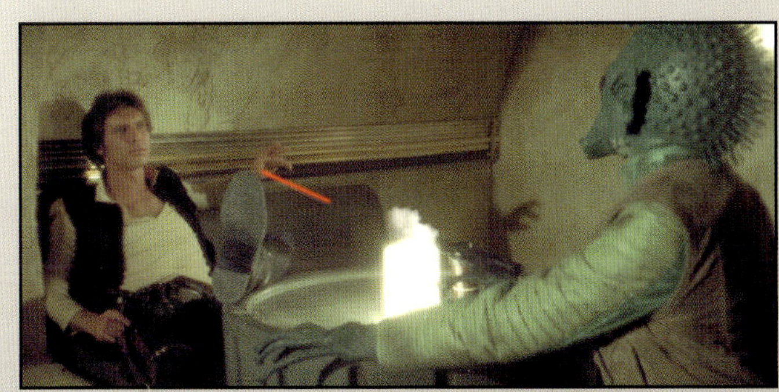

HUTT ET DETTE

Après la mort de Greedo, Jabba et Boba Fett entourent l'appareil de Solo. Moyennant une pénalité de retard, le Hutt accepte de patienter encore pour être remboursé, mais, en cas d'échec, la tête de Solo sera à nouveau mise à prix.

LA FIN DE GREEDO

Pendant que Chewbacca prépare le vaisseau, Solo se retrouve face au blaster de Greedo. Le chasseur de primes lui annonce que sa tête a été mise à prix par Jabba et que la prime lui reviendra. Solo dégaine discrètement son propre blaster et règle son compte à Greedo.

FUITE

Comme convenu avec Solo, Luke, Ben et les droïdes trouvent le *Faucon Millennium* au Quai 64. Par malchance, un espion kubaz nommé Garindan a repéré les droïdes recherchés par l'Empire. Malgré l'irruption de stormtroopers, Solo et Chewbacca parviennent à décoller. Le *Faucon* franchit le blocus impérial et saute dans l'hyperespace. Pendant le trajet, Ben commence à initier Luke à la Force et au maniement du sabre laser. Soudain, Ben perçoit une profonde perturbation dans la Force : « Un grand drame vient d'avoir lieu ».

« ÇA N'EST PAS UNE LUNE ! »

La prémonition de Ben se voit confirmée quand le vaisseau émerge de l'hyperespace : d'Alderaan, il ne reste que des débris. Ayant repéré un chasseur TIE solitaire, Solo le suit à distance, jusqu'à ce que l'appareil s'approche de ce qui ressemble à une petite planète. C'est Obi-Wan qui, le premier, comprend qu'il s'agit en fait d'une immense station spatiale. Solo tente de manœuvrer, mais le *Faucon* est capturé par un rayon tracteur et hissé à bord de l'Étoile Noire.

« JE SUIS LE MAÎTRE. »

SITÔT LE *FAUCON MILLENNIUM* à bord de l'Étoile Noire, Darth Vader inspecte l'appareil dont les marques d'identification sont bien celles du vaisseau qui a fui Mos Eisley. Les Impériaux ne trouvent aucun passager dans l'appareil car Luke, Ben, Han, Chewbacca et les droïdes se sont réfugiés dans la soute secrète du *Faucon*. Sachant que leur salut passe par la désactivation du rayon tracteur qui emprisonne le cargo, Luke et ses alliés pénètrent dans le poste de contrôle où RD-D2 se connecte à un ordinateur pour localiser le générateur du rayon. Toutefois, quand le droïde découvre que la princesse Leia est détenue à bord de l'Étoile Noire et qu'elle va être exécutée, Luke convainc ses compagnons de tenter un sauvetage improvisé.

ÉVASION
Déguisés en stormtroopers, Luke et Han sortent la princesse Leia de la cellule 2187, mais ils restent piégés dans le bloc pénitentiaire. Avec son blaster, Leia fait un trou dans le sol du couloir, découvrant un vide-ordures.

LA MISSION DE BEN
Ben insiste pour se rendre seul au générateur de rayon tracteur, refusant que Luke l'accompagne. Grâce aux données que R2-D2 a puisées dans l'ordinateur de l'Étoile Noire, le Jedi arrive à un terminal d'exploitation situé au sommet d'une colonne d'alimentation haute de 35 kilomètres. Il trafique le terminal, créant une perte de puissance qui permettra au *Faucon* de décoller.

À LA POUBELLE
Le collecteur de déchets dépose la princesse Leia et ses apprentis sauveteurs dans un compacteur où aboutissent toutes sortes de détritus à traiter avant leur largage dans l'espace. Le compacteur, dont les parois ne craignent pas le feu du blaster, abrite un gros dianoga qui s'en prend à Luke. Quand deux cloisons opposées commencent à se rapprocher, Luke contacte C-3PO et R2-D2 qui se mettent vivement au travail pour sauver leurs alliés.

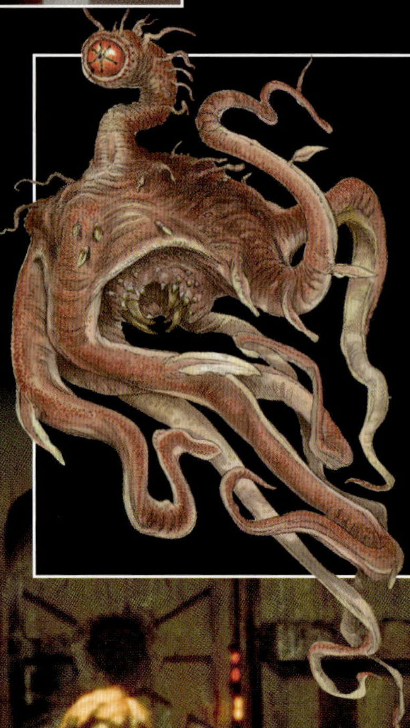

LE DIANOGA
Natif de la planète Vodran, le dianoga amphibie est un charognard omnivore. Il possède un unique pédoncule oculaire qui agit comme un périscope et a sept tentacules régénérables. Il pénètre à bord des vaisseaux spatiaux en se faufilant dans les soutes à déchets, où la plupart des commandants de bord tolèrent sa présence en raison de sa capacité à absorber et digérer diverses formes de détritus.

PUITS PÉRILLEUX
Poursuivis par des stormtroopers, Luke et Leia manquent de tomber dans un puits d'aération. Luke, après avoir détruit par inadvertance les commandes de la passerelle extensible qui leur aurait permis de franchir le vide, utilise un grappin grâce auquel ils franchissent l'abîme.

LES DUELLISTES
Darth Vader a senti que son ancien maître est à bord de l'Étoile Noire. Il retrouve Kenobi, et ils s'affrontent dans un duel au sabre laser dont Vader est certain de sortir victorieux : il déclare que les rôles sont inversés depuis leur dernière rencontre sur Mustafar – désormais, c'est lui qui est le maître. Le seigneur Sith s'efforce d'épuiser le Jedi vieilli, et quand Ben donne le premier signe de fatigue, Vader frappe sans hésitation. Il constate alors avec stupeur que sa lame rouge ne rencontre que le tissu de la toge vide de son adversaire. Vader a le sentiment que désormais, d'une façon ou d'une autre, Obi-Wan est encore plus puissant qu'avant.

DE JUSTESSE
En retournant à leur vaisseau, Luke et ses compagnons assistent à la fin du duel entre Vader et Kenobi. C'est pour faire diversion que Ben laisse Vader l'abattre. Luke est traumatisé par le sacrifice d'Obi-Wan, mais quand il entend la voix désincarnée du Jedi le presser de s'enfuir, il rejoint la princesse, Solo, Chewbacca et les droïdes. Quatre chasseurs TIE donnent la chasse au *Faucon*, mais Solo et Luke s'installent aux canons quadrilaser et les abattent.

LA BATAILLE DE YAVIN

LE GRAND TEMPLE
Les Rebelles emmènent Leia et ses alliés à l'ancienne pyramide des Massassis, appelée le Grand Temple, que les ingénieurs de l'Alliance ont aménagée. C'est ici que, pendant la guerre des Clones, le chevalier Jedi Anakin Skywalker a affronté Asajj Ventress qui commandait des troupes séparatistes.

FUYANT L'ÉTOILE NOIRE avec les plans de la station de combat enregistrés dans les mémoires de R2-D2, la princesse Leia et ses nouveaux alliés se dirigent vers Yavin 4, petit satellite forestier d'une géante gazeuse où l'Alliance Rebelle a sa base secrète. Aucune race intelligente n'y ayant succédé aux anciens guerriers massassis et étant dépourvue de ressources naturelles exploitables, Yavin 4 n'est d'aucun intérêt pour l'Empire et est absente de la plupart des cartes spatiales officielles. Les Rebelles s'y sont installés après avoir abandonné leur précédente base de Dantooine et ils espèrent que l'Empire va continuer à l'ignorer. Pourtant, tandis que le *Faucon Millennium* vole vers Yavin 4, Leia comprend que si leur évasion a été aussi facile, c'est parce que les ingénieurs de l'Empire ont piégé le cargo avec une balise. Conscients que l'Empire sait maintenant où les trouver, les Rebelles se préparent au combat. L'arrivée de l'Étoile Noire dans le système de Yavin est imminente.

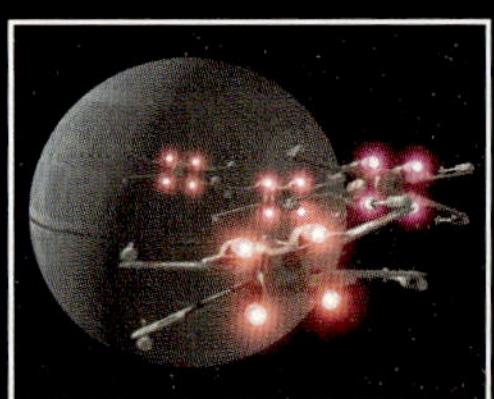

PLAN DE BATAILLE

Les données relatives à l'Étoile Noire stockées dans R2-D2 révèlent l'existence d'un puits de réacteur vulnérable, qui pourrait permettre de détruire la station. Le général Dodonna se hâte d'élaborer un plan d'attaque. À bord de chasseurs monoplaces, les pilotes rebelles devront descendre dans la tranchée équatoriale de la station et tirer des torpilles à protons dans l'ouïe de ventilation large de deux mètres du puits du réacteur. Quelques pilotes doutent de pouvoir toucher une cible aussi petite, mais tous savent que c'est la seule façon de vaincre les Impériaux.

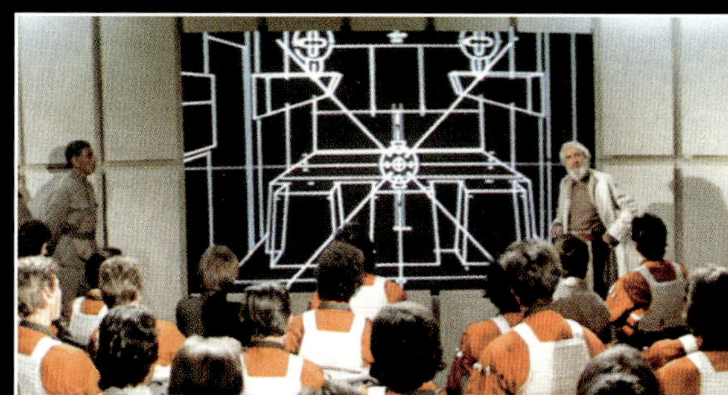

Les pilotes de chasse rebelles contemplent les plans de l'Étoile Noire en écoutant le général Dodonna définir leur mission.

CHASSEURS DE L'ALLIANCE
Pendant la bataille de Yavin, les chasseurs Y-wings anciens modèles forment l'escadrille Jaune, et les plus récents X-wings l'escadrille Rouge. Parmi les pilotes rebelles, certains, comme Biggs Darklighter, ont été parfaitement formés par l'Empire avant de déserter ; d'autres, comme Luke Skywalker, ont une expérience limitée. Des 30 pilotes rebelles engagés par l'Alliance dans la bataille de Yavin, seuls trois survivront à l'attaque de l'Étoile Noire.

Après de brèves retrouvailles avec Luke sur Yavin 4, Biggs Darklighter est abattu par Darth Vader.

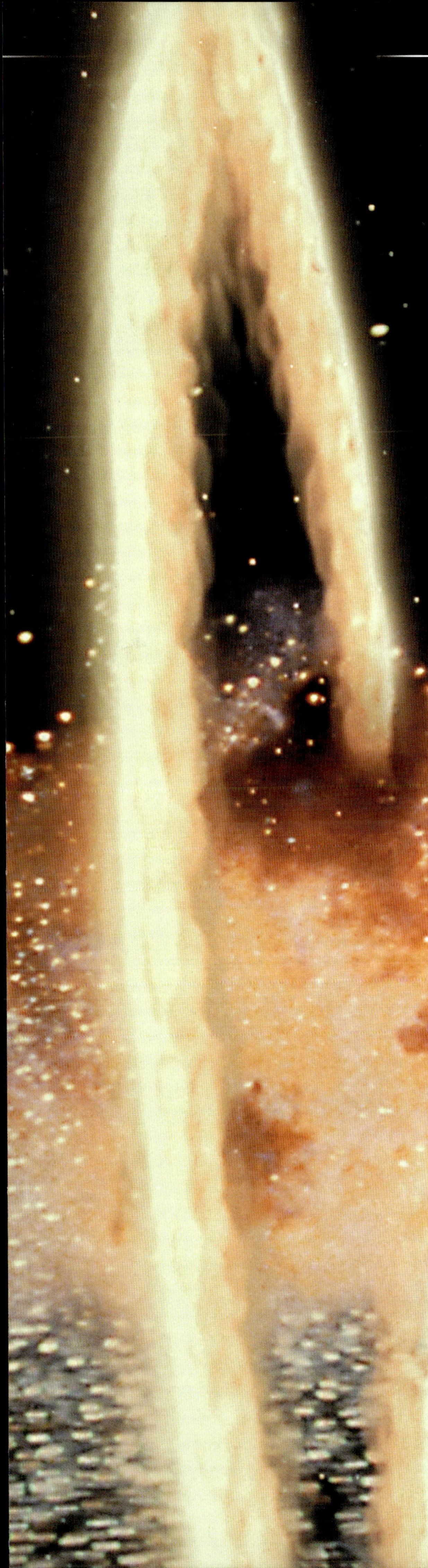

Au-dessus de l'Étoile Noire, un X-wing est sous le feu laser d'un chasseur TIE.

À travers son hublot en transparacier, un pilote de chasseur TIE tire sur l'ennemi.

LA TRANCHÉE DE L'ÉTOILE NOIRE
Constatant que les pilotes rebelles ont échappé aux turbolasers de l'Étoile Noire, Darth Vader ordonne le déploiement de chasseurs TIE. Quand il comprend que plusieurs Rebelles essaient d'atteindre un point précis de la tranchée équatoriale, il prend les commandes de son prototype de TIE Avancé, se faisant accompagner de deux ailiers.

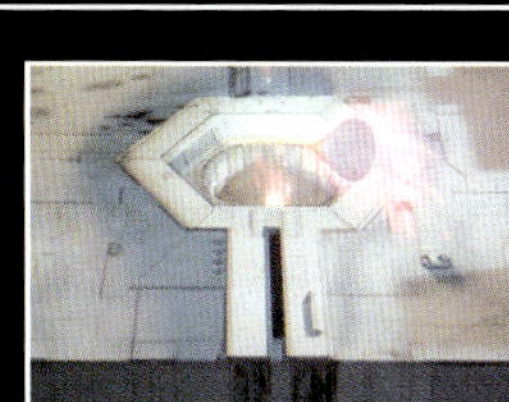

Se fiant à la Force, Luke Skywalker tire ses torpilles à protons sur la cible.

RÉACTION EN CHAÎNE
Deux vagues de trois appareils ayant manqué la cible, Luke tente sa chance. Grâce au retour soudain de Han Solo, il échappe au feu laser de Darth Vader et tire. Ses torpilles font mouche, déclenchant une réaction en chaîne qui anéantira la station.

CÉRÉMONIE DE VICTOIRE
Les Rebelles fêtent la destruction de l'Étoile Noire au Grand Temple, où Leia rend hommage au courage de Luke, Han et Chewbacca.

VADER S'ENFUIT
Son chasseur TIE endommagé par les lasers du *Faucon Millennium*, Vader doit se poser en catastrophe sur la planète Vaal. En route vers un relais avancé de l'Empire, il est attaqué par des créatures féroces, mais il parvient à atteindre une navette qui l'emporte jusqu'à Coruscant.

RENCONTRE SUR MIMBAN

Une panne de moteur du Y-wing de Leia l'oblige à se poser sur Mimban avec Luke.

DEUX ANS après la bataille de Yavin, Luke Skywalker escorte Leia vers la planète Circarpous IV pour une rencontre avec des bailleurs de fonds potentiels de la Rébellion. Accompagnés de C-3PO et R2-D2, ils doivent se poser prématurément sur Circarpous V, une planète marécageuse plus connue sous le nom de Mimban. Ils y découvrent des installations minières impériales secrètes et font la connaissance de Halla, une femme âgée qui se prétend sensible à la Force. Elle possède un minuscule éclat du légendaire cristal Kaiburr qui amplifie considérablement la perception qu'on a de la Force. Halla demande à Luke et Leia de l'aider à trouver le cristal avant l'Empire.

Monde hostile

Outre le risque potentiel qu'ils courent en raison de la présence impériale sur Mimban, Leia et Luke se heurtent à mille dangers. Après avoir été attaqués par de monstrueux wandrellas, des créatures ambiennes cavernicoles, et des guerriers coways, ils atteignent enfin le temple où se trouve le cristal Kaiburr – et où les attend leur pire ennemi, Darth Vader.

Déguisés en mineurs, Luke et Leia entrent dans une taverne. Peu après avoir rencontré Halla, ils sont capturés par des stormtroopers.

Déjà conscient de l'identité du pilote rebelle qui a détruit l'Étoile Noire, Darth Vader apprend par le gouverneur impérial la capture de Luke et Leia. Connaissant mal les conditions du décès de Padmé Amidala, Vader ignore que Luke est son fils.

Halla aide Leia et Luke à s'échapper, puis ils traversent la jungle jusqu'au temple de Pomojema, dieu des Kaiburr, où ils trouvent le cristal Kaiburr. Ils sont pourchassés par Darth Vader qui veut faire payer aux Rebelles les coups qu'ils lui ont portés.

SOMBRE COMBAT

Pendant que Luke est coincé par des rochers dans le temple, Leia lui prend son sabre laser et affronte Darth Vader. Bien qu'elle parvienne à le surprendre, elle est bientôt touchée. Luke récupère son arme à temps pour s'interposer.

Même s'il maîtrise mal le maniement du sabre laser, Luke est aidé par l'esprit de Ben Kenobi dans son combat contre Darth Vader. Le Seigneur Noir perd son bras droit et disparaît dans un puits, mais son instinct dit à Luke que Vader a survécu.

POUVOIRS GUÉRISSEURS

Leia ayant été mortellement blessée par la lame de Vader, Luke se sert du miraculeux cristal Kaiburr pour soigner ses blessures. Ils volent un vaisseau et emportent le cristal, mais Luke s'aperçoit que les pouvoirs du minéral sont inversement proportionnels à la distance dont on l'éloigne du temple de Pomojema.

DE YAVIN À HOTH

Après la bataille de Yavin, Han Solo continue à apporter son aide à l'Alliance Rebelle. Quand Luke Skywalker découvre par hasard Hoth, planète lointaine et glacée, Han contribue à convaincre les dirigeants de la Rébellion que c'est l'endroit idéal pour une nouvelle base. Plus tard, il empêchera les forces de l'Empire d'anéantir la flotte de l'Alliance lors de son déménagement vers Hoth. Bien que Han ait vraiment l'intention de rembourser à Jabba la cargaison d'épices perdue, le Hutt accumule les mises à prix sur la tête de Solo. Skorr, un chasseur de primes cyborg, réussit presque à le capturer sur Ord Mantell, mais il finit par s'attirer les foudres des autorités impériales.

1. Grâce à Han Solo, qui a utilisé un cristal pour empêcher Vader d'attaquer Yavin 4, l'armada impériale s'avère incapable d'empêcher la flotte rebelle d'atteindre la troisième planète du système de Hoth, où l'Alliance fonde la Base Écho.

2. Mandatés par Boba Fett, plusieurs chasseurs de primes – dont Dengar, Bossk, et le furieux Skorr – parviennent à capturer Solo, Chewbacca et Luke dans le système de Hoth, sans toutefois découvrir le site de la nouvelle base des Rebelles.

3. Ignorant que ses sous-traitants ont capturé les Rebelles recherchés, Boba Fett rencontre Darth Vader sur Ord Mantell et lui suggère d'utiliser Solo comme appât pour capturer Skywalker. Les Rebelles s'échappent, mais le Seigneur Noir n'oubliera pas l'idée de Fett.

LA BATAILLE DE HOTH

Les droïdes-sondes de l'Empire guettent la moindre trace d'activité trahissant les Rebelles.

FAUTE D'AVOIR PU empêcher les Rebelles d'évacuer leur base de Yavin 4, Darth Vader envoie des droïdes-sondes dans tous les secteurs de la galaxie à la recherche du nouveau quartier général de l'Alliance. Quand il apprend qu'une sonde a repéré un générateur sur une planète glacée du système de Hoth, il sait qu'il a retrouvé les Rebelles. À bord de l'*Executor*, son gigantesque vaisseau amiral, et flanqué de cinq Star Destroyers, Vader rejoint le système de Hoth à la vitesse de la lumière. Toutefois, l'amiral Ozzel, qui commande l'*Executor*, commet l'erreur de faire sortir les bâtiments de l'hyperespace trop près du système de Hoth. Alertés, les Rebelles ont le temps de mettre en place un bouclier d'énergie au-dessus de leur base. Vader se débarrasse d'Ozzel, puis il lance l'ordre de procéder à une bataille terrestre.

TAUNTAUNS EN PATROUILLE
Après plusieurs intrusions de wampas, les Rebelles ont compris que leur système de sécurité était trop faible. Han et Luke sortent pour disposer des senseurs supplémentaires aux alentours de la base. Chacun de son côté, ils se déplacent à dos de tauntaun, l'une des rares formes de vie de Hoth, domestiquées par les Rebelles.

DANS LA CAVERNE
Parti placer des senseurs d'alerte pour protéger la base de l'Alliance, Luke est assommé par un wampa. Quand il reprend conscience, il découvre que ses pieds sont pris dans la glace du plafond d'une caverne et que son sabre laser est tombé dans la neige. Heureusement, Luke a appris à utiliser la Force pour déplacer des objets et il parvient à récupérer son arme pour blesser le wampa.

Affaibli après avoir échappé au wampa, Luke voit soudain le spectre d'Obi-Wan Kenobi qui lui enjoint d'aller dans le système de Dagobah pour étudier auprès de Yoda.

Malgré les doutes du pilote Hobbie Klivian, le plan d'évacuation des Rebelles permet à leurs transports d'échapper aux Impériaux.

L'Empire attaque

Les Rebelles de la Base Écho (ainsi nommée en raison de l'acoustique des grottes qui l'abritent) ouvrent le feu sur la flotte impériale en orbite avec leur puissant canon à ions. Ce faisant, ils permettent à leurs transports de s'enfuir, mais les snowspeeders rebelles peinent à affronter les énormes TB-TT (Transport Blindé-Tout Terrain) impériaux. À lui seul, Luke Skywalker parvient à terrasser un quadripode, mais les Rebelles ont subi de lourdes pertes, et l'Empire remporte la bataille.

TB-TT quadripodes, bipèdes TS-TT de reconnaissance et Juggernauts sont le fer de lance des forces impériales sur Hoth.

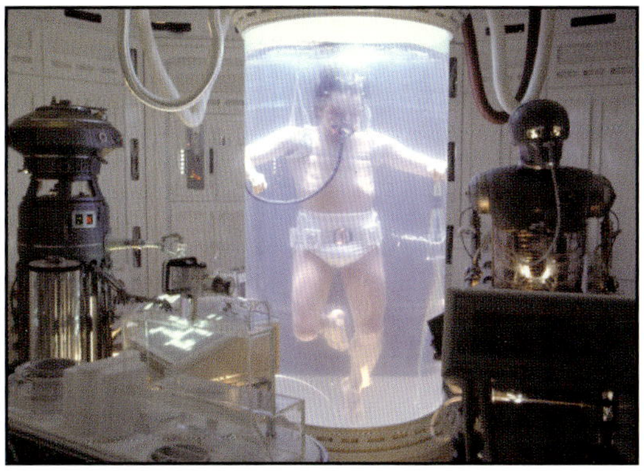

CUVE DE BACTA

Souffrant de gelures et de blessures multiples, Luke est plongé dans une cuve de bacta, au département médical de la Base Écho. Le bacta est un médicament de synthèse qui combine alazhi rouge, particules bactériennes kavams et liquide ambori incolore. Ce mélange imite les fluides corporels vitaux et favorise une croissance tissulaire rapide sans laisser de cicatrices.

PRÉDATEURS HOTH

Couverts d'un pelage blanc et hauts de deux mètres, les wampas sont des carnivores indigènes de Hoth. Leurs longs bras sont terminés par des griffes capables de creuser la glace. Le wampa n'attend pas d'avoir faim pour chasser et il tue rarement sa proie sur-le-champ : il préfère l'assommer, la ramener vivante dans son gîte et la conserver dans la glace pour la consommer ultérieurement. Il se nourrit principalement de tauntauns, dont l'odorat est limité, ce qui permet au wampa de les approcher facilement.

Les transports de Gallofree Yards – grâce auxquels les Rebelles convoient dans toute la galaxie nourriture, munitions, armes, matériel médical, troupes et véhicules – sont rarement armés et doivent être escortés par des chasseurs.

LE SEIGNEUR NOIR SUR HOTH

Arrivant sur la planète au moment même où le *Faucon Millennium* s'enfuit de la Base Écho, Vader ordonne à sa flotte de poursuivre le cargo corellien. Le Seigneur Noir, qui se souvient de la conversation qu'il a eue avec Boba Fett sur Ord Mantell, décide de capturer Solo, afin de l'utiliser comme appât pour attirer Luke Skywalker, en qui la Force est si puissante.

Peu après leur atterrissage d'urgence sur Dagobah, Luke et R2-D2 quittent le X-wing embourbé et explorent les environs. Ce monde fangeux n'abrite aucune civilisation, mais des millions de formes de vie y cohabitent. Parmi elles, l'énorme serpent-dragon, dont un spécimen manque d'avaler R2-D2.

DEVENIR UN JEDI

GUIDÉ PAR la vision qu'il a eue de Ben Kenobi sur Hoth, Luke Skywalker se rend avec R2-D2 dans le système de Dagobah, en quête du maître Jedi Yoda, celui qui a autrefois formé Kenobi. Ben a appris à Luke que lui-même et Yoda ont dû se cacher après que Darth Vader ait aidé l'Empire à massacrer les chevaliers Jedi. Arrivant en vue de Dagobah, Luke s'étonne de n'y déceler aucune trace d'activité technologique, puis il perd soudain le contrôle de son X-wing et est contraint de se poser d'urgence. Découvrant un environnement de marécages brumeux, Luke devine à quels sacrifices Yoda devait être prêt pour survivre. Ignorant tout de l'apparence physique du maître Jedi, il se l'imagine comme un puissant guerrier.

AMI OU ENNEMI ?
Alors qu'il installe un campement provisoire, Luke est surpris par l'apparition soudaine d'une petite créature. Il dégaine son blaster, mais le curieux petit être verdâtre ne se montre pas menaçant, même s'il se permet de fouiller les provisions. Quand Luke indique qu'il est à la recherche d'un maître Jedi, le regard de la créature s'éclaire et elle se propose de le conduire jusqu'à Yoda.

ÉTRANGE ABRI
La créature conduit Luke et R2-D2 à sa hutte en forme de dôme construite au pied d'un arbre gnarl. L'entrée est assez large pour que Luke s'y faufile, mais R2-D2 doit rester dehors. À l'intérieur, Luke ne prête pas attention à la structure de l'abri, fait de pièces prises sur un vaisseau spatial datant de l'époque de la République.

ÉCOSYSTÈME ALIEN
L'araignée noueuse blanche est l'un des organismes les plus étranges de Dagobah. Il s'agit en fait d'une racine de l'arbre gnarl qui s'est détachée de son arbre parent pour errer dans les marais, se nourrissant d'animaux. Une fois repue, elle plante ses pattes dans le sol d'une clairière qui se transformeront en racines. Ensuite, l'araignée devient un gigantesque arbre gnarl.

L'araignée noueuse blanche est principalement constituée de bois calcifié.

YODA SE DÉVOILE
Dans la hutte, Luke entend avec stupéfaction la voix de Ben Kenobi s'adresser à la créature. Luke découvre qu'il s'agit de Yoda.

EXERCICES RIGOUREUX
Fort de 800 années passées à former des Jedi, Yoda pousse Luke jusqu'au bout de ses moyens physiques et mentaux. Luke se montre un élève doué et il apprend à contrôler ses pouvoirs, mais faute d'avoir commencé sa formation dès sa petite enfance, il peine à maîtriser ses émotions.

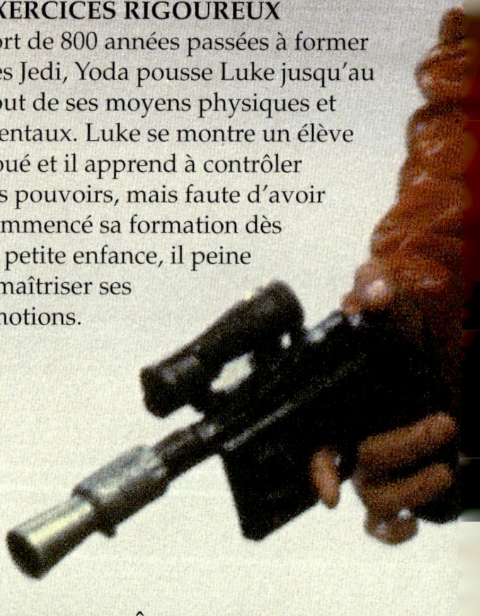

LE DERNIER MAÎTRE JEDI ?
En dépit de ses pouvoirs, Yoda, à 900 ans, est devenu vieux. S'il ne parvient pas à former Luke, sa mort sera aussi celle du dernier des Jedi.

LA CAVERNE

Sous les racines d'un arbre gnarl se trouve une caverne imprégnée par le côté obscur de la Force. Il en est peut-être ainsi depuis qu'un Jedi Noir a séjourné sur Dagobah pendant la guerre des Clones. Ayant pénétré dans la grotte, Luke a une vision qui dévoile la vérité sur ses liens avec Darth Vader.

Luke affronte son pire cauchemar.

En oubliant sa colère, il met un terme au duel.

Sous le masque de Vader, Luke voit son visage.

UN CHASSEUR DE PRIMES SUR DAGOBAH

Yoda ayant découvert qu'ils sont surveillés par un mystérieux humanoïde, il ordonne à Luke de neutraliser l'intrus. Luke parcourt les marais et finit par débusquer un droïde chasseur de primes nommé Milko. Le droïde menace de tuer Luke, mais il finit par se rendre en implorant sa pitié. Luke l'autorise à quitter Dagobah à bord du vaisseau qui l'y a amené. Alors que le droïde s'en va, Luke suspecte que leur rencontre était un test organisé par Yoda – mais il ignore s'il a remporté l'épreuve ou échoué.

Quand il se sent menacé, Luke a tendance à dégainer son blaster plutôt que son sabre laser, preuve que sa formation n'est pas achevée.

INCRÉDULITÉ

Quand le X-wing de Luke s'enfonce dans la boue, Yoda suggère d'utiliser la Force pour le récupérer. Luke, qui doute que la chose soit possible, échoue. Yoda, lui, transfère l'appareil sans effort, ce qui renforce l'admiration que lui voue Luke.

DÉPART URGENT

Refusant d'ignorer une vision terrifiante qui lui a montré Han et Leia en grandes souffrances, Luke décide d'interrompre sa formation de Jedi pour aller les secourir. Malgré les protestations de Yoda et de l'esprit d'Obi-Wan, qui craignent un piège, il quitte Dagobah et, poursuivant sa vision, se dirige vers le système de Bespin.

« ET PAS DE DÉSINTÉGRATIONS ! »

DANS LE CHAMP D'ASTÉROÏDES
Han Solo, Leia, Chewbacca et C-3PO échappent au blocus impérial de Hoth, mais une panne de l'hyperdrive du *Faucon* les empêche de fuir dans l'hyperespace. Refusant de se rendre, Solo s'engage dans un champ d'astéroïdes.

DEPUIS QU'IL a manqué Luke Skywalker lors de l'assaut sur Hoth, Darth Vader est obsédé par la capture du jeune Rebelle. Quand il apprend que le *Faucon Millennium* n'a pas quitté le système de Hoth, le Seigneur Noir comprend que le vaisseau a une avarie. La flotte impériale tente d'arraisonner Solo, mais il parvient à semer ses poursuivants dans un champ d'astéroïdes. Contacté par l'Empereur, Vader convainc son maître que Luke Skywalker serait un allié précieux s'il pouvait être amené vers le côté obscur. Vader convoque à bord de l'*Executor* plusieurs chasseurs de primes, dont Boba Fett, qu'il met en garde contre sa manie de désintégrer ses proies : Vader veut que les amis du jeune Rebelle soient capturés vivants, car il sait que, grâce à la Force, Skywalker sentira leur souffrance.

Après avoir refoulé ses sentiments, Leia rend à Han son baiser, puis elle s'éloigne vivement quand C-3PO les interrompt.

LIMACE SPATIALE
Tandis que les Impériaux fouillent le champ d'astéroïdes à la recherche de son vaisseau, Han a trouvé refuge dans la vaste caverne d'un gros astéroïde. Quand les passagers du *Faucon* découvrent que leur grotte est en fait le gosier d'une monstrueuse limace de l'espace, ils s'enfuient précipitamment, sans avoir pu réparer l'hyperdrive du vaisseau.

CHASSEURS DE PRIMES
Sur la passerelle de l'*Executor* sont rassemblés les chasseurs de primes convoqués par Vader. Dès que le seigneur Sith a annoncé qu'il offrait une récompense substantielle à celui qui localisera le vaisseau de Solo, la compétition est lancée. Boba Fett a d'ores et déjà saboté l'appareil de Dengar, et IG-88 – à qui des simulations probabilistes ont indiqué que c'est Fett qui retrouvera le *Faucon* – a placé une balise sur le *Slave I*.

DENGAR RECRUTÉ
Contrairement à ses rivaux, Dengar est déjà à bord de l'*Executor* quand Vader met à prix la tête de Han Solo. En effet, Dengar avait repéré Solo sur Hoth, mais les Impériaux l'ont capturé. Vader lui laisse la vie sauve s'il accepte de retrouver Solo.

LA GUILDE DES CHASSEURS DE PRIMES

La Guilde des Chasseurs de Primes, pionnière des fraternités de chasseurs, fut longtemps dirigée par le père de Bossk, Cradossk. Plusieurs mois après la bataille de Yavin, Boba Fett a fait une demande d'admission, à la joie de Cradossk mais à la colère de Bossk. La Guilde ignore que le prince Xizor, qui veut créer une équipe de chasseurs indépendants, a payé Boba Fett pour infiltrer la Guilde et la miner de l'intérieur. La manœuvre de Fett a fonctionné, puisque Bossk a dévoré son propre père, et la Guilde s'est scindée en deux factions rivales.

4-LOM, *droïde de protocole et petit voleur, travaille en tandem avec Zuckuss.*

Zuckuss, *un Gand qui ne respire que de l'ammoniaque, utilise des rituels religieux pour trouver ses proies.*

Bossk, *comme bien des Trandoshans, hait les Wookiees. Malgré les ordres de Vader, il veut la fourrure de Chewbacca.*

Dengar *est un ex-pilote de swoop. Interdit de courses, il s'est fait tueur, puis chasseur de primes.*

BOBA FETT

Quand il se lance sur les traces de Han Solo, Boba Fett, le clone non modifié de Jango Fett, a 35 ans et il est au sommet de son art. Boba Fett a considérablement modifié le vaisseau de Jango, le *Slave I*, et a ajouté de nombreux dispositifs à sa propre armure, dont un qui lui permet de franchir la plupart des barrages.

DROÏDE IG-88

Conçu et assemblé par Holowan Laboratories, le droïde tueur connu sous le nom de IG-88 (*ci-contre*) fait en réalité partie d'un système de quatre droïdes qui partagent une conscience commune. Celui que Vader engage est le droïde appelé IG-88 B.

IG-88 B pilote un IG-2000 Aggressor *en Trilon modifié. IG-88 A, C et D pilotent un appareil identique.*

TECHNIQUE DE CAMOUFLAGE

Afin d'échapper à la flotte impériale, Solo arrime son vaisseau au dos d'un Star Destroyer, d'où il est invisible pour les senseurs. Connaissant les procédures standard en vigueur dans l'Empire, il attend que le bâtiment se débarrasse de ses déchets pour y dissimuler son appareil. Toutefois, Boba Fett a anticipé le comportement de Solo et le suit discrètement jusqu'au système de Bespin.

TRAHISON DANS LES NUAGES

FUYANT la flotte impériale, Han Solo met le cap sur la planète Bespin, où son vieux copain Lando Calrissian dirige Cloud City, une exploitation gazière orbitale. Depuis qu'il en est le Baron Administrateur, Calrissian a amélioré la productivité ; il a également transformé les hôtels-casinos en destinations touristiques haut de gamme. Dans sa volonté de revitaliser Cloud City, il a veillé à ne pas avoir affaire avec l'Empire, mais ses efforts sont ruinés quand Boba Fett informe Darth Vader que le *Faucon Millennium* approche du système de Bespin à vitesse infraluminique. Le chasseur de primes et les Impériaux devancent le cargo de Solo, et Vader ordonne à Calrissian de coopérer avec lui dans la capture des Rebelles.

Lando Calrissian accueille les Rebelles et les guide dans Cloud City. C-3PO, qui s'est écarté de ses amis, est réduit en pièces détachées par une patrouille de stormtroopers.

RENCONTRE SURPRISE
Leia, Han et Chewbacca se méfient de Lando depuis que Chewie a retrouvé C-3PO en morceaux dans un dépotoir. Ils acceptent néanmoins son invitation à partager un verre et le suivent jusqu'à une salle de réception. Ils ont la stupeur d'y découvrir Darth Vader, qui démontre qu'un blaster ne peut rien contre le côté obscur de la Force.

REMONTAGE
Après avoir été capturé par les Impériaux, Chewbacca découvre les morceaux de C-3PO dans sa cellule. Même sans outils, l'habile Wookiee est capable de rattacher la tête du droïde à son torse.

SOLO CONGELÉ
Les chambres de congélation carbonique servent à conserver des gaz exotiques en suspension dans des blocs de carbonite. Darth Vader veut utiliser ce dispositif pour capturer Luke Skywalker, mais le teste d'abord sur Han Solo, afin de vérifier qu'un humain peut résister au processus de congélation. Han survit, mais Lando décide de tourner le dos à l'Empire.

En apprenant que Vader laissera Boba Fett livrer Han Solo à Jabba le Hutt, Lando comprend qu'il a passé un marché de dupes avec l'Empire.

DUEL À CLOUD CITY
Une fois Luke arrivé à Cloud City, Darth Vader attend son gibier dans la chambre de congélation carbonique. Skywalker se laisse prendre, mais au dernier moment il échappe à la congélation et surprend Vader par ses capacités de combattant.

RÉVÉLATION CAUCHEMARDESQUE
Le duel se termine quand Vader porte à Luke un coup qui le prive de son bras droit et de son arme. Luke, à qui Ben Kenobi a dit que Vader était l'assassin de son père, écoute avec horreur le seigneur Sith lui déclarer : « Je suis ton père ». Convaincu que Luke peut détruire l'Empereur, Vader lui propose de l'aider à renverser Palpatine, afin que père et fils puissent régner ensemble sur la galaxie.

PAR LA GRÂCE DU CRÉATEUR ?
Quand on lui présente les morceaux de C-3PO, Darth Vader reconnaît aussitôt le droïde qu'il a construit dans son enfance. Il ordonne sa destruction, mais il découvre que le copilote de Solo, Chewbacca, les a récupérés. Chose rare, le Seigneur Noir annule alors son ordre précédent et fait déposer les restes de C-3PO dans la cellule du Wookiee.

FUITE ÉPERDUE
Blessé, Luke refuse de se rendre. Cramponné à un capteur atmosphérique, il recourt à la Force pour entrer en contact avec Leia. Finalement, Leia, Chewbacca, les droïdes et Lando, leur nouvel allié, réussissent à sauver Luke et à fuir le système de Bespin, mais ils ne parviennent pas à empêcher Boba Fett de quitter Cloud City en emportant Han Solo.

FUTUR INCERTAIN
Le *Faucon Millennium* voyage jusqu'aux franges de la galaxie, où les Rebelles rejoignent la flotte de l'Alliance. Luke est transféré à bord d'une frégate médicale où on lui pose une main synthétique. Pendant que Chewbacca et Lando partent à bord du *Faucon* pour suivre Boba Fett à Tatooine, Leia décide de ne pas avouer à Luke les sentiments qu'elle éprouve pour Han. Luke, lui, ne parle à personne des déclarations de Vader.

LES OMBRES DE L'EMPIRE

CONTRÔLANT la plus vaste flotte commerciale de la galaxie, le prince Xizor – le Falleen qui dirige en secret l'organisation Soleil Noir – a effectué des missions de transport clandestin pour le compte de l'Empereur. Sur Coruscant, Xizor assiste à une communication holographique entre l'Empereur et Darth Vader et découvre le lien qui unit Vader et Luke Skywalker. Or, dix ans plus tôt, Vader a exterminé 200 000 Falleens pour enrayer la propagation d'un bioagent mortel que des scientifiques impériaux avaient répandu par erreur sur la planète natale de Xizor. Voyant une occasion de venger les siens, le prince envisage de discréditer Vader en lui faisant endosser la responsabilité de la mort de Luke Skywalker. Pendant ce temps, Boba Fett est pourchassé par les Rebelles et ses rivaux, tandis qu'il tente de livrer Han Solo à Jabba le Hutt.

BOBA FETT POURCHASSÉ
Commandant l'*Outrider* (*ci-dessus à dr.*), le contrebandier Dash Rendar localise le *Slave I* de Fett et guide les Rebelles jusqu'à une enclave impériale sur la planète Gall.

Le contrat de Soleil Noir

Darth Vader ayant échoué à Cloud City, l'Empereur lui ordonne de travailler avec le prince Xizor pour coordonner l'envoi de matériaux de construction destinés à la seconde Étoile Noire. Les liens qui unissent Xizor à Soleil Noir sont de notoriété publique, et Vader hésite à s'associer avec lui, mais l'Empereur ne tient pas compte de cette réticence.

UN NOUVEAU SABRE LASER
Sur Tatooine, dans le logis abandonné de Kenobi, Luke découvre des instructions pour fabriquer un sabre laser. Différent de celui qu'il a perdu à Cloud City, son nouveau sabre laser ressemble à celui de Ben. Luke a à peine fini de l'assembler qu'il doit s'en servir contre les sbires de Jabba, à qui Xizor a fait croire que Vader voulait la mort de Luke.

GURI
Guri, une droïde à forme humaine programmée pour tuer, a été créée pour obéir à Xizor et le seconder. Une fois privée de son maître, Guri cherche quelqu'un qui saura la reprogrammer et effacer ses mauvais souvenirs, afin qu'elle puisse commencer une nouvelle vie.

DASH RENDAR
Pilote indépendant et tueur à gages, Dash Rendar a livré de la nourriture aux Rebelles de la Base Écho et détruit un TB-TT lors de la bataille de Hoth. Après avoir aidé Luke Skywalker et les espions bothans à s'emparer des plans de la seconde Étoile Noire, l'*Outrider* de Dash disparaît dans l'explosion du repaire orbital de Xizor. Pourtant, plusieurs mois après, Rendar pénètre dans une cantina sur la lune de Hurd, où il rencontre une Guri repentie.

MISSION SECRÈTE
Ignorant tout du plan de Xizor, Leia arrange une rencontre avec Soleil Noir pour découvrir qui veut la mort de Luke. Pour passer inaperçus, Chewie et Leia se font passer pour les chasseurs de primes Snoova et Boushh.

LA FIN DE XIZOR
Les Rebelles ayant découvert que c'est lui qui veut la mort de Luke, Xizor se réfugie dans son luxueux repaire orbital, le *Falleen's Fist*, un satellite attaché en orbite basse au-dessus de Coruscant. Darth Vader, qui a découvert la trahison du Falleen, ordonne à l'*Executor* d'anéantir le repaire de Xizor.

LIVRAISON DÉLICATE
En route pour Tatooine, Boba Fett découvre que livrer Han Solo à Jabba le Hutt ne sera pas facile : depuis qu'il est en possession du Corellien congelé, il est la cible non seulement de l'Alliance Rebelle mais aussi de tous les autres chasseurs de primes de la galaxie. Laissant derrière lui un sillage composé de Rebelles furieux et de tueurs à gages morts, il finit par livrer Han Solo à Jabba (*ci-contre à g.*). Le Hutt se réjouit tellement de voir Solo enrichir sa collection d'objets d'art qu'il accepte de payer la surprime que lui réclame Fett.

PRISONNIERS DE JABBA

Comme la plupart des Hutts, Jabba est un mégalomane qui veut tout contrôler et être admiré.

FAUTE D'AVOIR PU arracher Han Solo à Boba Fett, Luke met au point un nouveau plan. Il a conscience qu'il faudra se montrer d'autant plus prudent que Tatooine est sous blocus impérial, et que le palais de Jabba est bien gardé. Luke ordonne donc aux droïdes de se rendre au palais, laissant délibérément C-3PO dans l'ignorance de certains détails, notamment les rôles que joueront Lando et Chewbacca ou le sabre laser que transporte R2-D2, ainsi que le fait que les deux droïdes se présenteront comme un cadeau destiné à Jabba. Même si Luke n'avait pas prévu de rencontrer le monstrueux rancor, Jabba sera finalement vaincu, et Han et ses amis pourront s'enfuir de Tatooine.

Jabba et les Gamorréens

Quand Jabba voulut engager comme gardes 12 de ces porcins brutaux, ils lui apprirent que l'usage gamorréen voulait qu'ils affrontent leur employeur à la lutte avant d'accepter son offre d'emploi. Jabba répondit qu'une coutume hutt voulait qu'on se bande les yeux avant de se battre : s'ils acceptaient le bandeau, il les affronterait tous ensemble. Sitôt leurs yeux masqués, Jabba les fit tabasser par ses sbires. Les 9 survivants vouèrent pour le vainqueur une admiration sans bornes.

LE PALAIS DE JABBA

Les origines de cette ancienne forteresse, située dans une zone reculée de la mer des Dunes de Tatooine, sont mal connues. On sait qu'elle fut édifiée voilà plusieurs siècles et qu'elle a servi de monastère aux moines b'omarr. Quand Jabba s'en est emparé pour en faire sa base opérationnelle, il a fait renforcer les remparts par du ditanium ultrarésistant.

LA PROIE DE BOUSHH

Chewbacca veut prendre part à la libération de Han, mais il sait que Jabba le reconnaîtrait sous n'importe quel déguisement. Pour pouvoir pénétrer dans le palais, il accepte d'être menotté et traîné par Leia, laquelle se fait passer pour Boushh, venue réclamer la prime sur Chewie.

BRÈVES RETROUVAILLES

Leia libère Han – qui souffre de cécité temporaire – du bloc de carbonite. Leurs retrouvailles sont de courte durée, car ils sont découverts. Han est jeté en cellule avec Chewbacca, et Leia rejoint le harem d'esclaves de Jabba.

ENTRÉE DU JEDI

Ne portant pas d'arme, Luke franchit les senseurs de sécurité de Jabba et utilise la Force pour neutraliser les gardes mais, face au Hutt, il découvre que Jabba est insensible aux pouvoirs mentaux des Jedi. Conscient du danger que Luke représente, Jabba le fait jeter à son rancor. L'animal échouant à le dévorer, le Hutt décide de donner Luke à une créature autrement redoutable, le Sarlacc.

Le terrible rancor est une créature semi-consciente qui vit dans une fosse sous le palais. Il a été offert à Jabba par Bib Fortuna.

BOBA FETT EST VIVANT !

Boba Fett, qui a accompagné Jabba au grand puits de Carkoon, tente d'empêcher les Rebelles de s'enfuir. Bien qu'aveuglé, Han Solo lui tire dessus, déclenchant ses fusées dorsales qui propulsent le mercenaire dans la gueule béante du Sarlacc. Fett mettra plusieurs jours à se libérer de la créature et sera sauvé par son collègue Dengar.

LE DERNIER SOUPIR DU HUTT

Enchaînée à Jabba et contrainte de porter une tenue qui l'empêche de dissimuler une arme, Leia a peu d'espoir d'échapper à l'esclavage. Toutefois, quand Jabba se laisse distraire par les combats qui ont lieu à l'extérieur de sa barge à voile, la princesse saisit sa chance et étrangle son ravisseur avec la chaîne qui la retenait prisonnière.

Sous le regard de Jabba, depuis Khetanna, *sa barge à voile, une chaloupe place Luke Skywalker à l'aplomb du puits du Sarlacc.*

LE GRAND PUITS DE CARKOON

Depuis l'extrémité de la planche fixée à la chaloupe, Luke baisse les yeux vers la gueule du gigantesque Sarlacc omnivore qui occupe le grand puits de Carkoon. Au moment où il quitte la planche, Luke fait un saut périlleux et récupère son sabre laser que R2-D2 lui a lancé. C'est le début d'un féroce combat que livrent les Rebelles pour retrouver la liberté.

La barge à voile de Jabba est ébranlée par une série d'explosions. La plupart des membres de l'entourage du Hutt périssent, mais Bib Fortuna parvient à s'enfuir à bord d'un petit patrouilleur.

LE CRÉPUSCULE DE YODA
L'âge a fini par rattraper Yoda. Le vieux maître Jedi annonce à Luke que sa formation est achevée, mais qu'il ne deviendra un Jedi qu'après avoir affronté Darth Vader. Avant d'expirer, Yoda confirme à Luke que Vader est bien son père, et qu'« il y a un autre Skywalker ».

L'AUTRE SKYWALKER

LUKE SKYWALKER n'a révélé à personne que Darth Vader lui a déclaré être son père. Depuis leur rencontre à Cloud City, il est profondément perturbé par l'incohérence entre ces propos et la mort d'Anakin Skywalker telle que Ben Kenobi la lui a décrite. Après avoir arraché Han Solo à Jabba, Luke retourne sur Dagobah pour terminer sa formation, comme promis à Yoda. Il espère aussi que le vieux Jedi connaîtra la vérité sur son ascendance. Entre-temps, l'Alliance Rebelle s'est rassemblée pour discuter de la seconde Étoile Noire. Autour des plans secrets – qu'une équipe d'espion bothans s'est procurés avec l'aide de Luke et Dash Rendar –, un plan est échafaudé. Mais les Rebelles ignorent que, depuis le début, Palpatine les manipule.

LA RÉVÉLATION DE BEN
Après la mort de Yoda, Luke a la surprise d'être une nouvelle fois contacté par l'esprit d'Obi-Wan. Ben maintient qu'il n'a pas menti en disant à Luke que Vader avait tué son père, puisqu'Anakin Skywalker a été détruit en devenant Darth Vader. Contrairement à Luke, Ben est convaincu que Vader est totalement mauvais. Néanmoins il confirme, après Yoda, que Luke va devoir encore affronter Vader. Quand Luke lui demande ce que Yoda entendait par « un autre Skywalker », Ben lui révèle qu'il a une sœur jumelle. Luke comprend qu'il s'agit de Leia.

DIRIGEANTS REBELLES
Cofondatrice de l'Alliance pour la Restauration de la République – nom officiel de l'Alliance Rebelle –, Mon Mothma (*à dr.*) en est désormais le commandant en chef. Dans le système de Sullust, en compagnie de l'amiral Ackbar et du général Crix Madine, elle rencontre leurs alliés et dévoile les informations collectées par des Bothans selon lesquelles une nouvelle Étoile Noire est en construction dans le système d'Endor, et que son armement n'est pas encore opérationnel. En outre, l'Empereur supervise lui-même la fin du chantier. Sur la foi de ces données, les Rebelles projettent de détruire la station spatiale avant son achèvement.

À bord de son croiseur mon calamari Home One, *l'amiral Ackbar et Mon Mothma s'adressent aux autres Rebelles lors d'une holoconférence.*

NAVETTE VOLÉE
À bord de la navette impériale *Tydirium* volée, Luke, Leia, Han, Chewbacca et les droïdes comptent sur un code d'identification secret pour être autorisés à se poser sur la lune forestière d'Endor. Leur mission sera de détruire le générateur de bouclier planétaire qui protège l'Étoile Noire en orbite, afin de la rendre vulnérable aux chasseurs rebelles.

À son arrivée sur l'Étoile Noire en chantier, Vader est accueilli par le commandant de la station de combat, Moff Jerjerrod.

LA SECONDE ÉTOILE NOIRE

La nouvelle Étoile Noire est plus grosse que la précédente, mais c'est moins une arme secrète qu'un piège subtil : en effet, si l'Alliance a été efficacement informée par les Bothans sur les activités impériales à Endor, c'est que Palpatine a organisé cette fuite, dans le but d'anéantir la flotte rebelle. L'Alliance, qui se prépare à neutraliser le générateur de bouclier, ignore que les armes de l'Étoile Noire – y compris son superlaser – sont parfaitement opérationnelles.

Dominant la forêt, le générateur de bouclier planétaire impérial crée un puissant champ de force autour de l'Étoile Noire en orbite.

Pourchassée par des scout troopers, Leia rencontre Wicket W. Warrick, un jeune Ewok. Présentée aux aînés, Leia trouve chez les Ewoks de nouveaux alliés, car ils supportent mal la présence impériale.

POURSUITE EN SPEEDER BIKE

Sur Endor, Luke et Leia sont traqués par des scout troopers. Ils parviennent à semer leurs poursuivants, mais ils se perdent de vue.

JEDI JUMEAUX

Retrouvant Leia au village ewok, Luke déclare qu'il compromet leur mission, car Vader peut déceler sa présence. Il révèle ensuite que le Seigneur Noir est son père, ainsi que celui de Leia. Quand il annonce son intention d'affronter Vader, Leia le supplie de prendre la fuite, mais Luke, convaincu qu'il peut arracher leur père au côté obscur, se met en route.

LA BATAILLE D'ENDOR

SUR ENDOR, Luke Skywalker se constitue prisonnier afin d'être conduit devant son père. Vader, lui, découvre qu'il n'est qu'un pion entre les mains de l'Empereur, car celui-ci avait prévu que son apprenti Sith lui amènerait Luke. Face à l'omniscience de son maître, Vader renonce à son ambition de renverser Palpatine et de gouverner avec son fils. Luke remarque que son père a perdu l'assurance qu'il affichait lors de leur précédente rencontre à Cloud City. Son instinct lui dit qu'Anakin Skywalker n'a pas été totalement consumé par le côté obscur – mais le Seigneur Noir capitule : « Il est trop tard pour moi, fils ».

COMMANDOS REBELLES
À la tête d'un commando, Han, Leia et Chewbacca se dirigent à travers la forêt d'Endor vers le générateur de bouclier. Avec l'aide des Ewoks, ils parviennent à le détruire, permettant à la flotte rebelle de lancer une attaque massive contre l'Étoile Noire.

FORÊT HOSTILE
Les stormtroopers impériaux, qui disposent d'armes sophistiquées et savent se battre sur tous les terrains, ne sont pas impressionnés par les Ewoks et leur environnement sylvestre. Pourtant, à mesure que se déroule la bataille d'Endor, ils comprennent qu'ils ont gravement sous-estimé les petites créatures qui se sont alliées aux Rebelles.

L'ATTAQUE DE L'ÉTOILE NOIRE
Promu général, Lando Calrissian pilote le *Faucon Millennium* à l'intérieur de l'Étoile Noire. Il a choisi comme copilote son ami de longue date, Nien Nunb (*à g.*). Les exploits que ce Sullustan a accomplis en tant que pirate pro-Rébellion sont légendaires sur sa planète natale. Son sens hyperdéveloppé du repérage spatial fait de lui un excellent navigateur.

DUEL FATAL
L'Empereur veut que Luke se joigne aux seigneurs Sith. Comme il refuse, Palpatine le force à se battre contre Vader. Quand ce dernier est blessé, l'Empereur ordonne à Luke de tuer son père – mais le Jedi s'y refuse.

Quand Vader menace d'attirer Leia vers le côté obscur, Luke, dont les pensées ont trahi l'existence de sa sœur, se déchaîne contre le seigneur Sith.

LES SITH ATTAQUENT
Rendu furieux par le refus de Luke de suivre les pas de son père, l'Empereur déchaîne une tempête d'éclairs Sith contre le Jedi. Mais il n'a pas prévu que Luke pourrait se montrer capable d'une telle combativité, et cette faiblesse incite Vader à croire que, bien que blessé, il peut détruire Palpatine.

Une fois le bouclier d'énergie de l'Étoile Noire éteint, les torpilles rebelles peuvent toucher leur cible : le cœur du réacteur. Le Faucon Millennium *fuit l'énorme explosion qui détruit la station de combat.*

UNE DESTINÉE ACCOMPLIE

À l'instant où Darth Vader réalise qu'il ne peut pas laisser Palpatine tuer son fils, il redevient Anakin Skywalker. Accomplissant la prophétie selon laquelle il rééquilibrerait la Force, il se saisit de l'Empereur et, bien que mortellement atteint par les éclairs Sith, l'Élu précipite Darth Sidious dans un puits. L'Empereur explose en libérant une violente décharge d'énergie sombre.

VADER DÉMASQUÉ

Vader demande à Luke de lui ôter son masque, afin de pouvoir contempler son fils de ses propres yeux avant de mourir. Anakin est soulagé de voir la détermination de son fils à prouver qu'il y avait encore du bon en lui.

LA MAIN DE L'EMPEREUR

Après l'échec de Vader à Cloud City, Palpatine a secrètement chargé Mara Jade, son assistante personnelle, d'assassiner Luke. S'infiltrant dans le palais de Jabba, elle a bien failli réussir. Jade est sur Coruscant quand Palpatine meurt, mais elle perçoit son ultime ordre : « Tue Luke Skywalker ».

CÉLÉBRATIONS INTERSTELLAIRES

La nouvelle de la mort de l'Empereur et de la victoire des Rebelles sur Endor se répand dans toute la galaxie via l'HoloNet, et de nombreux mondes sont en fête. Sur Coruscant, la statue de Palpatine est mise à bas sur fond de feux d'artifices.

UNIS EN ESPRIT

Tandis que les Rebelles font la fête avec les Ewoks sur Endor, Luke est témoin de la brève apparition de Yoda, de Ben et d'un homme en qui, instinctivement, il reconnaît le jeune Anakin Skywalker. Luke rejoint les autres, et les esprits des Jedi s'effacent dans la nuit.

UNE NOUVELLE ÈRE

LA MORT DE Palpatine et la destruction de l'Étoile Noire ont ébranlé l'Empire, mais pour Luke Skywalker et ses alliés, le combat n'est pas achevé : Certains Impériaux se sont éloignés, mais les plus dangereux demeurent fidèles à l'Empereur longtemps après sa mort. Après avoir appris que l'esprit de Palpatine avait survécu après la bataille d'Endor, Luke a dû résister à la tentation qui le portait vers le côté obscur. Rencontrant de nouveaux êtres sensibles à la Force, il en est venu à penser que l'Ordre Jedi pourrait renaître, sous une forme adaptée à la Nouvelle République. Désormais maître Jedi, il forme des disciples et apporte son aide au gouvernement, devenu la Fédération Galactique des Alliances Libres. Aux yeux de la galaxie tout entière, les chevaliers Jedi continuent à incarner l'espoir.

LA NOUVELLE RÉPUBLIQUE

LE VOYOU ET LA PRINCESSE
Quatre ans après la bataille d'Endor, Han Solo enlève la princesse Leia, que le prince Isolder, du puissant Consortium Hapes, a demandée en mariage. Devenus plus proches par ces péripéties, Leia et Han rentrent sur Coruscant et se marient.

PEU APRÈS la bataille d'Endor, l'Alliance Rebelle se rebaptise Alliance des Planètes Libres. Mon Mothma, Leia Organa, Borsk Fey'lya, l'amiral Ackbar, ainsi que les représentants de Corellia, de Kashyyyk, de Sullust et d'Elom signent la déclaration d'une Nouvelle République. Les huit signataires siègent au Conseil Provisoire de la Nouvelle République. Deux ans et demi plus tard, la Nouvelle République récupère Coruscant. L'Empire commence à se fragmenter, mais le grand amiral Thrawn, un officier supérieur de la Marine impériale de Palpatine, refuse de reconnaître le nouveau régime. À la tête des vestiges de la flotte de l'Empire, il entreprend de terroriser la galaxie.

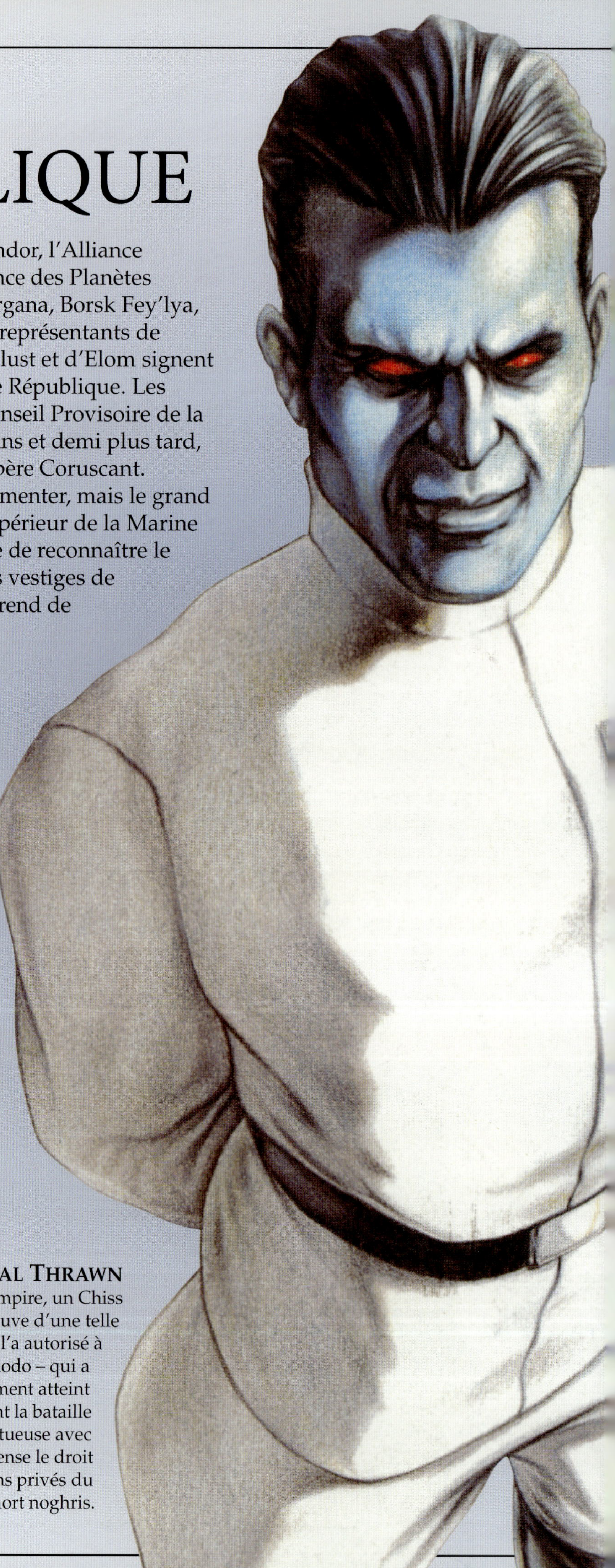

CORUSCANT RÉINVESTIE
Le gouvernement de la Nouvelle République siège dans l'ex-Palais Impérial de Coruscant. La princesse Leia Organa Solo pense que ce choix illustre à la fois les idéaux de la Nouvelle République et la fin de l'Empire.

LUTTES INTESTINES
Les dirigeants de la Nouvelle République sont contestés par Borsk Fey'lya, le conseiller bothan (*ci-dessus à dr.*). Han Solo est persuadé que les motivations de Fey'lya sont purement carriéristes.

Pour se protéger de leurs ennemis sensibles à la Force, le grand amiral Thrawn et son adjoint, le capitaine Pellaeon, transportent des ysalamiris de la planète Myrkr qui repoussent la Force.

LE GRAND AMIRAL THRAWN

Malgré le racisme inhérent à l'Empire, un Chiss nommé Mitth'raw'nuruodo fait preuve d'une telle finesse tactique que l'Empereur l'a autorisé à intégrer l'armée. Mitth'raw'nuruodo – qui a abrégé son nom en Thrawn – a finalement atteint le grade de grand amiral. Peu avant la bataille de Hoth, après une collaboration fructueuse avec Darth Vader, Thrawn a reçu en récompense le droit de s'assurer les services des assassins privés du Seigneur Noir, les commandos de la mort noghris.

Clone d'un Jedi mort, Joruus C'baoth a été créé par Palpatine pour garder le trésor impérial ainsi qu'une installation de clonage sur Wayland. Atteint du mal des clones, dû à une croissance trop rapide, C'baoth traverse des périodes de confusion mentale, voire de démence.

JORUSS C'BAOTH

Cinq ans après la mort de Palpatine, Thrawn cherche sur la planète Wayland l'entrepôt où l'Empereur stockait certaines technologies secrètes. Thrawn et le capitaine Pellaeon sont attaqués par Joruus C'baoth, maître Jedi autoproclamé, mais des ysalamiris les protègent de lui en repoussant la Force. Thrawn propose de lui livrer deux apprentis Jedi, Luke et Leia, en échange du droit d'accès à l'entrepôt de l'Empereur.

C'baoth utilise la méditation de combat Jedi pour diriger les forces impériales aux chantiers de Sluis Van.

ATTAQUE DU SECTEUR DE SLUIS

Dans le but de s'approprier de nouveaux bâtiments pour la flotte impériale en lambeaux, Thrawn attaque simultanément trois planètes du secteur de Sluis et lance un assaut surprise sur les chantiers navals de Sluis Van. Vaincu par Han Solo et Lando Calrissian, Thrawn s'enfuira bredouille.

GUERRIERS NOGHRIS

Natifs de la planète Honoghr, les terribles Noghris ont failli être anéantis par une série de catastrophes écologiques. Darth Vader, prétendant que le crash d'un vaisseau de la République était la cause de la dévastation de leur planète, a offert son aide aux Noghris survivants ; ils lui furent tellement reconnaissants qu'ils devinrent ses tueurs attitrés. Des décennies plus tard, la princesse Leia découvre sur Honoghr que Darth Vader a trompé les Noghris afin d'en faire sa milice personnelle.

JADE ET KAARDE

Dans la Nouvelle République, Mara Jade, l'ex-tueuse de Palpatine, survit sous de fausses identités. Sous le nom de Celina Marniss, elle sauve la vie d'un contrebandier basé sur Myrkr, Talon Karrde, qui lui offre un emploi. Après avoir un temps aidé Thrawn, Karrde finit par s'allier à la Nouvelle République.

Sur Coruscant, Leia Organa Solo donne vie à des jumeaux – une fille, Jaina, et un garçon, Jacen – qui appartiendront à une nouvelle génération de chevaliers Jedi.

LA MORT DE THRAWN

Tandis que C'baoth tente d'attirer Luke et Leia vers le côté obscur en utilisant un clone de Luke, Thrawn tend un piège à la Nouvelle République aux chantiers navals de Bilbringi. Heureusement, Mara Jade tue C'baoth et le clone de Luke, tandis que le propre garde du corps de Thrawn poignarde son maître pour venger les Noghris que l'Empire a trahis.

L'EMPIRE SUBSISTE

SIX ANS APRÈS la mort de l'Empereur, les dirigeants de la Nouvelle République doivent se cacher face à une armée impériale revigorée. Luke Skywalker pressent l'empreinte du côté obscur et se rend sur Byss, une forteresse impériale, où il découvre que Palpatine est ressuscité et tente de restaurer l'Empire. Palpatine cherche un Jedi à prendre pour apprenti. Quand Luke et Leia lui résistent, il s'en prend aux enfants que Leia attend.

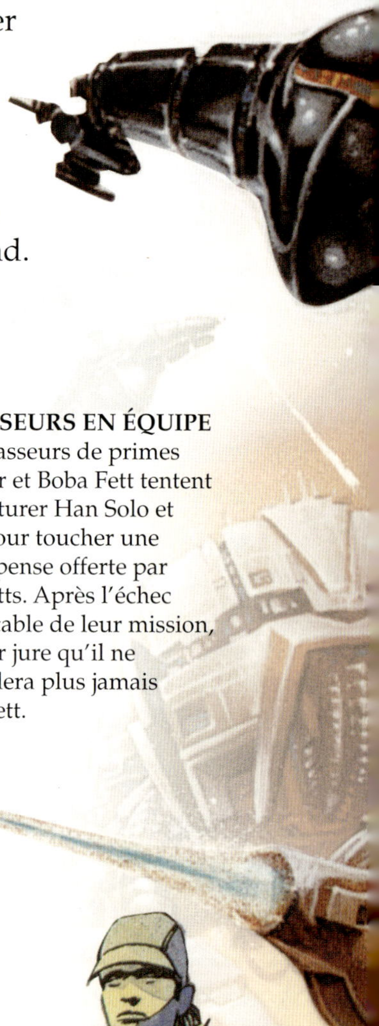

LE RETOUR DE PALPATINE
Après la destruction de la seconde Étoile Noire, la conscience de Palpatine a dérivé dans l'espace pendant un an avant de toucher Byss, où il s'est éveillé dans le corps de l'un des clones qu'il gardait en réserve. Les clones s'usent rapidement, aussi Palpatine veut-il à tout prix se procurer le corps d'un Jedi.

DÉVASTATEURS DE MONDES

Contre la Nouvelle République, l'Empereur lance ses Dévastateurs de Mondes. Ces machines sont conçues pour dépouiller les planètes de leurs ressources naturelles afin de fabriquer des armes : leurs rayons tracteurs aspirent des portions de la surface planétaire jusque dans un four moléculaire où les éléments rares sont convertis en matériaux utiles. Palpatine lâche les Dévastateurs de Mondes sur Mon Calamari, mais Luke Skywalker et R2-D2 les reprogramment afin qu'ils se retournent les uns contre les autres.

CHASSEURS EN ÉQUIPE
Les chasseurs de primes Dengar et Boba Fett tentent de capturer Han Solo et Leia pour toucher une récompense offerte par les Hutts. Après l'échec lamentable de leur mission, Dengar jure qu'il ne travaillera plus jamais avec Fett.

LE NOUVEAU VISAGE DU MAL
Ressuscité dans le corps d'un jeune clone, Palpatine se cache. Il étudie le côté obscur de la Force pour accroître sa puissance et en tire trois manifestes : *Le Livre de la Colère*, *La Faiblesse des Inférieurs*, et *La Création de Monstres*.

Capturée par les Impériaux, Leia étudie un Holocron Jedi ayant appartenu à Palpatine. Elle l'emporte dans sa fuite afin de s'entretenir avec son gardien, un simulacre holographique du maître Jedi Bodo Baas.

*Grâce à l'Holocron de Palpatine, Luke découvre Kam Solusar (*ci-dessus à dr.*), un Jedi rescapé de la Purge. Secouru sur Nepsis VIII par Luke, Kam rencontre Leia.*

JEDI PERDUE
Sur Nar Shaddaa, Leia trouve Vima-Da-Boda, une ex-Jedi de 200 ans qui descend de Nomi Sunrider. Vima s'est exilée volontairement pour s'être vengée de l'assassin de sa fille. Elle repart avec Leia pour former des Jedi.

NOUVEAUX DROÏDES DE GUERRE

Palpatine dispose d'une nouvelle technologie pour mener la guerre contre la Nouvelle République. Parmi ses armes, les droïdes fantômes – des chasseurs animés par les cerveaux de pilotes d'élite de l'Empire tués au combat – et les « Automadons » X-1 Viper, des droïdes de guerre qui absorbent l'énergie des lasers ennemis pour alimenter les leurs.

JEDI NOIR ?

Sur Byss, Luke Skywalker se livre à Palpatine, pendant que Han et Leia s'enfuient. Croyant que Luke a rejoint le côté obscur, Leia revient sur Byss et découvre que son frère cherche à détruire Palpatine et ses clones. Luke et Leia conjuguent leurs pouvoirs, mais ils ne peuvent empêcher Palpatine de leur échapper.

ANAKIN SOLO

L'Empereur ayant détruit leur base sur la lune Pinnacle, les dirigeants de la Nouvelle République et leurs familles se réfugient sur Nepsis VIII, où Leia accouche de son troisième enfant, un fils. Son mari voudrait le baptiser Han Solo Junior, mais Leia insiste pour le prénommer Anakin.

LA FIN DE PALPATINE

Son ultime clone commençant à se détériorer, Palpatine consulte les esprits des Sith. Ils lui conseillent de transférer son esprit dans le corps d'Anakin Solo. Palpatine suit les Solo jusqu'à la planète Onderon et tente de s'emparer de l'enfant, mais le cyborg Jedi Empatojayos Brand, nouvel allié de Luke, absorbe l'esprit malfaisant de Palpatine et l'anéantit.

MARA ET LUKE SE MARIENT
En 19 ap. B.Y., Mara Jade et Luke Skywalker se marient. Mara ayant autrefois été l'ennemie de Luke, leur union symbolise l'avenir de la Nouvelle République.

LE NOUVEL ORDRE JEDI

À MESURE qu'il rencontre de nouveaux êtres sensibles à la Force, Luke décide de les former pour en faire des chevaliers Jedi. Plutôt que de recréer l'ancien Ordre Jedi, il développe de nouvelles méthodes afin d'encourager le sens de l'indépendance chez ses élèves qui sont appelés à défendre les mondes de la Nouvelle République. En accord avec sa sœur Leia, Luke fonde son Académie Jedi sur Yavin 4, dans l'ancienne base rebelle. L'un de ses élèves, Kyp Durron, tombe sous l'influence de l'esprit d'un Seigneur Noir mort depuis longtemps, Exar Kun, mais il s'en sort et devient un chevalier Jedi. Kyp sera l'un des premiers à rencontrer une menace redoutable pour la Nouvelle République : les Yuuzhan Vongs.

L'ACADÉMIE JEDI

Onze ans après la bataille de Yavin, Luke revient sur la planète pour fonder son centre d'apprentissage destiné aux futurs chevaliers Jedi. Ses élèves sont l'ermite Streen, le turbulent Kyp Durron, le timide clone Dorsk 82, et Kirana Ti de Dathomir. L'enseignement de Luke, même s'il repose sur ce que Yoda et l'Ordre Jedi lui ont appris, n'implique ni la sélection en bas âge des êtres sensibles à la Force, ni une formation strictement individuelle, ni le refus du mariage.

LES ÉLÈVES DE SKYWALKER
Luke installe sa nouvelle Académie Jedi dans les anciens temples des Massassis. Avec R2-D2, il s'adresse à Tionne, le folkloriste Jedi, et les futurs chevaliers Kirana Ti, Streen, Kyp Durron et Dorsk 82.

Un vaisseau dépose Streen et Kirana Ti aux ruines d'une cité minière de Corbos, un monde isolé. Les deux élèves viennent aider Kyp Durron et Dorsk 82, confrontés à un monstre qui semble se nourrir de l'esprit de ses victimes. Pour leur témoigner sa confiance, Luke reste sur Yavin 4 et laisse ses recrues affronter le terrain.

LES YUUZHAN VONGS
Vingt-cinq ans après la bataille de Yavin, la Nouvelle République est confrontée aux Yuuzhan Vongs, des aliens qui vénèrent des dieux cruels. Leur planète natale ayant été détruite, les Yuuzhan Vongs utilisent de vastes vaisseaux biogénérés pour conquérir de nouveaux mondes. Leurs engins se déplacent grâce à des dovin basals, organismes capables de projeter un puits gravitationnel dans lequel circulent les vaisseaux spatiaux. Grâce à l'une de ces créatures, les Yuuzhan Vongs arrachent la lune Dobido à son orbite pour la précipiter sur la planète Sernpidal (*à g.*). Refusant les technologies manufacturées, ils attaquent leurs cibles avec des insectes tranchants (*ci-dessous*). Les Yuuzhan Vongs font la preuve de leur puissance en s'emparant de Coruscant qu'ils renomment Yuuzhan'tar avant de tenter de la terraformer.

LA MORT DE CHEWBACCA

Quand Han Solo et Chewbacca arrivent à bord du *Faucon Millennium* sur Sernpidal, une planète de la Bordure Extérieure, ils ignorent que les Yuuzhan Vongs veulent utiliser une arme gravitationnelle pour précipiter sa lune, Dobido, sur la planète. Chewbacca abrite les réfugiés dans le *Faucon*, mais il ne parvient pas à regagner le bord avant qu'Han Solo ne décolle en urgence et il périt dans l'explosion qui dévaste la planète.

LES ENFANTS DE HAN ET LEIA

Comme leurs mère et oncle, les enfants Solo sont très sensibles à la Force. La guerre contre les Yuuzhan Vongs dure depuis deux ans, les jumeaux Jacen (*ci-dessus à g.*) et Jaina (*ci-dessus à dr.*) ont 18 ans, et leur jeune frère Anakin (*ci-dessus au centre*) en a 16. Lors d'une mission pour éliminer les laboratoires de clonage où les Yuuzhan Vongs élèvent des voxyns tueurs de Jedi, Anakin se sacrifie. Sa mort pousse temporairement Jaina vers le côté obscur, alors que Jacen s'interroge sur la route que doit suivre un Jedi.

MASSACRE SUR OSSUS
Une fois Coruscant reconquise par l'Empire, les Chevaliers Jedi se retirent dans leur ancienne forteresse sur Ossus. Darth Nihl et ses forces les y poursuivent et massacrent presque tous les Jedi, y compris Kol Skywalker. Son fils Cade parvient à s'enfuir avec d'autres padawans, mais cette expérience l'a traumatisé à tel point qu'il tourne le dos à la tradition familiale.

LEGS FAMILIAL

UN SIÈCLE APRÈS l'invasion des Yuuzhan Vongs, les idéaux de Luke Skywalker animent encore les Chevaliers Jedi, qui servent à la fois l'Empire et l'Alliance Galactique (ex-République) dans une galaxie radicalement différente. Au cours des décennies précédentes, l'Alliance Galactique s'est péniblement remise des dégâts dus aux Yuuzhan Vongs, aux Killiks et à une seconde insurrection de Corellia, mais sans jamais parvenir à établir une paix stable avec ses ennemis. Un nouvel Ordre Sith menace, sabotant les efforts qui visent à purifier les planètes mourantes et déclenchant un conflit entre l'Alliance Galactique et l'Empire. En trois années, les forces impériales ont reconquis Coruscant, et un nouvel empereur règne sur l'espace habité. À présent que les Jedi sont quasiment éteints et les Sith au pouvoir, l'héritier de Luke Skywalker doit assumer son destin de Jedi.

DARTH KRAYT
Tirant son nom d'un dragon féroce, Darth Krayt est le chef de l'Ordre Sith et l'individu le plus puissant de la galaxie. Après avoir orchestré le retour de l'Empire au pouvoir, Krayt renverse Roan Fel et devient le nouvel Empereur des Sith. Vêtu d'une carapace de crabe vonduun vivante, il est obsédé par la découverte du secret de l'immortalité. Connu pour avoir conféré avec les esprits des anciens Seigneurs Sith, il a le sentiment de perpétuer une tradition glorieuse.

Darth Maladi met son savoir scientifique au service des entreprises de Darth Krayt. Spécialiste de la torture, elle est à la tête du service d'espionnage et d'assassinat des Sith.

Darth Nihl est un Nagai, une espèce extragalactique. Figurant parmi les agents de confiance de Darth Krayt, Nihl commande l'assaut sur Ossus et tue Kol Skywalker.

Darth Talon est une guerrière Twi'lek impitoyable, élevée sur le monde Sith de Korriban. Dévouée à Krayt, elle est chargée de localiser et tuer l'Empereur Roan Fel.

Assistant personnel de Krayt, le Chagrien Darth Wyyrlok est davantage diplomate que guerrier, et surveille les rouages du pouvoir galactique de son maître.

LES CHEVALIERS IMPÉRIAUX

Les Chevaliers Impériaux à l'armure cramoisie maîtrisent la Force et ne répondent qu'à l'Empereur Roan Fel, à travers leur commandant, Antares Draco. Nombre d'entre eux périssent quand Darth Krayt s'empare du trône, mais les survivants établissent une nouvelle base sur Bastion.

L'EMPEREUR ROAN FEL

Descendant du baron Soontir Fel, le célèbre pilote de chasse, Roan Fel règne en qualité d'empereur, et sa fille, la princesse Marasiah Fel, est appelée à lui succéder. Quand il pressent que Krayt va s'emparer du pouvoir, il fuit Coruscant avant l'insurrection Sith. Sur Bastion, Fel prépare son retour au trône, même si ça implique qu'il doive s'allier à ses ennemis de l'Alliance Galactique.

Malgré ses réticences, Cade est guidé par l'image fantomatique de Luke Skywalker.

CADE SKYWALKER

Fils de Kol Skywalker et ancien padawan du Jedi Wolf Sazen, Cade Skywalker rejette l'Ordre Jedi après avoir assisté à la mort de son père sur Ossus. Devenu pirate et chasseur de primes, il sillonne la Bordure Extérieure avec ses coéquipiers Jariah Syn et Deliah Blue à bord du *Mynock*. Sa rencontre avec la princesse Marasiah Fel et Darth Talon l'obligera à réviser ses projets d'avenir.

DANS LES COULISSES

DEPUIS les premières esquisses jusqu'au montage final, George Lucas prend part à chacune des étapes de la production des films *Star Wars*, supervisant toutes les décisions importantes. « Normalement, un cinéaste se préoccupe principalement des personnages et de l'histoire. Dans les films *Star Wars*, tout ça est important, mais les moindres détails le sont aussi. Ce sont autant de petites bombes à retardement dispersées par milliers sur le plateau : oubliez-en une seule, et vous êtes fichu ». On reconnaît à Lucas le mérite d'avoir réinventé la façon dont le cinéma utilise les effets spéciaux. « J'ai pris un domaine qui était un peu méprisé, réservé à quelques fanatiques de technique, je lui ai accordé l'importance qu'il méritait, celle d'un art à part entière, et je lui ai offert une vitrine où les gens peuvent pleinement admirer tout le talent qu'il nécessite ».

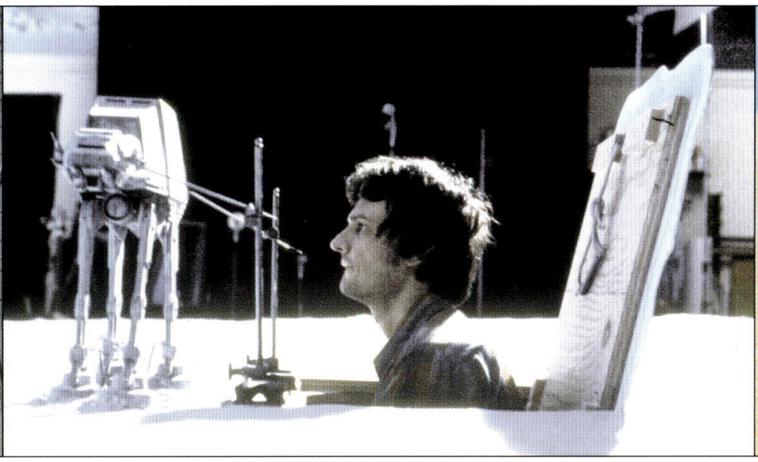

FILMOGRAPHIE CHOISIE

Tous les films ont été dirigés par George Lucas, sauf mention contraire.

1965 *Look at Life*

Freiheit

1966 *Herbie*

1:42.08

1967 *THX 1138 4EB*

Anyone lived in a pretty [how] town

The Emperor

6.18.67

1968 *filmmaker*

1971 *THX 1138*

1973 *American Graffiti*

1977 *Star Wars* : Épisode IV *Un nouvel espoir*

1979 *American Graffiti, la suite* (producteur exécutif)

1980 

Star Wars : Épisode V *L'Empire contre-attaque* (producteur exécutif, auteur de l'histoire)

1981 *Les Aventuriers de l'arche perdue* (coproducteur exécutif, coauteur de l'histoire)

1983 *Star Wars* : Épisode VI *Le Retour du Jedi* (producteur exécutif, co-scénariste, auteur de l'histoire)

1984 *Indiana Jones et le Temple maudit* (coproducteur exécutif, auteur de l'histoire)

1988 *Willow* (producteur exécutif, auteur de l'histoire)

1989 *Indiana Jones et la Dernière Croisade* (coproducteur exécutif, coauteur de l'histoire)

1994 *Radioland Murders* (producteur exécutif, auteur de l'histoire)

1999 *Star Wars* : Épisode I *La Menace fantôme*

2002 *Star Wars* : Épisode II *L'Attaque des clones*

2005 *Star Wars* : Épisode III *La Revanche des Sith*

GEORGE LUCAS

Le jeune Lucas a réalisé filmmaker*, un documentaire en 16 mm, sur le tournage des* Gens de la pluie *de Francis Ford Coppola (1968).*

NÉ EN 1944 à Modesto, en Californie, George Lucas, le créateur de *Star Wars*, est un pionnier du cinéma indépendant. Enfant, il lisait des romans d'aventures et regardait la série *Flash Gordon*. Un jour, il a « commencé à réfléchir à ce qui se passerait si les effets spéciaux étaient pris au sérieux. Les enfants en redemanderaient sûrement ». Pour créer sa saga *Star Wars*, Lucas a étudié l'histoire et la mythologie et s'est servi de films qu'il admirait, comme *La Forteresse cachée* d'Akira Kurosawa. Il a aussi fondé la société Industrial Light & Magic (ILM) pour réaliser les effets spéciaux de ses films. Le succès de *Star Wars* a métamorphosé le cinéma de divertissement.

LE FRUIT DE L'EXPÉRIENCE

Avant *Star Wars*, Lucas a écrit et dirigé deux films très différents : *THX 1138*, un sombre conte futuriste, et *American Graffiti*, une tendre histoire d'adolescents dans la Californie de 1962. Le public a boudé THX 1138 mais a afflué à *American Graffiti*, ce dont Lucas s'est souvenu alors qu'il écrivait le scénario du premier *Star Wars* : « J'ai compris que ça marcherait bien mieux si j'écrivais un film positif, chaleureux ».

TOURNAGE DIFFICILE

En 1976, Lucas dirige Mark Hamill et Anthony Daniels (C-3PO) en extérieur, en Tunisie. Pour pouvoir porter son projet à l'écran, Lucas aura dû affronter le mauvais temps, les pannes techniques, une équipe de tournage lunatique et la nervosité des représentants des studios.

Dans l'atelier des maquettes d'ILM, Lucas inspecte la squelettique Étoile Noire du Retour du Jedi *(1983). Dès le début des années 80, ILM était devenu le leader mondial des effets spéciaux.*

RALPH McQUARRIE

Selon George Lucas, *Star Wars* « n'aurait peut-être jamais existé » sans le graphiste Ralph McQuarrie, auquel Lucas a demandé en 1975 de concevoir les personnages et de réaliser les peintures qui ont finalement convaincu la 20th Century Fox de donner son « feu vert ».

Les premières recherches de McQuarrie montraient les droïdes sur Tatooine. Grâce à ce tableau, l'acteur Anthony Daniels, qui auditionnait pour C-3PO mais hésitait à jouer un robot, s'est pris de sympathie pour les droïdes.

Après le succès mondial de la première trilogie (Épisodes IV à VI), Lucas s'est consacré à d'autres projets. Dans les années 90, il s'est associé au producteur Rick McCallum (ci-dessus à g.) *pour réaliser une nouvelle trilogie et achever sa saga en six épisodes.*

L'ALTER EGO DE LUCAS
Pour créer Luke Skywalker (*à dr.*), joué par Mark Hamill, Lucas s'est inspiré de héros mythologiques, mais aussi de « deux parts opposées de moi-même, l'une naïve, idéaliste, et l'autre qui voit le monde avec plus de cynisme, de pessimisme ».

Dans l'Épisode III : la Revanche des Sith *(2005), Lucas fait une apparition en baron Papanoida.*

LA SAGA *STAR WARS*

GEORGE LUCAS a commencé le scénario de *Star Wars* en 1972. Il en a découpé plusieurs versions avant d'être satisfait de l'histoire, c'est-à-dire après que certains événements aient donné de la consistance aux personnages. Pour détailler ces éléments antérieurs, Lucas écrivit également toute une trame générale. Interviewé en 1979, il se rappelait que l'histoire globale avait « pris les dimensions de *Guerre et paix*, impossible à faire tenir dans un film. Je l'ai donc coupée en deux, mais c'était encore trop, alors j'ai coupé chaque moitié en trois parties. Je me retrouvais avec le matériel de six films ». La saga, qui à l'origine racontait les aventures de Luke Skywalker, devint finalement l'histoire de Darth Vader.

ÉPISODE IV : *UN NOUVEL ESPOIR* (1977)
Dans une première version du scénario, Obi-Wan Kenobi (Alec Guinness) survivait à son duel avec Darth Vader. En cours de préproduction, Lucas a décidé que le tuer augmenterait la menace incarnée par Vader et par l'Étoile Noire. Guinness a retravaillé le personnage avec Lucas, notamment sur l'idée que Kenobi se fonde dans la Force. Nommé *Star Wars* à l'origine, le film a été retitré Épisode IV : *Un nouvel espoir* pour sa ressortie en 1979.

ÉPISODE V : *L'EMPIRE CONTRE-ATTAQUE* (1980)
Contrairement au précédent, *L'Empire* s'achève sur plusieurs inconnues, telles que le sort de Han Solo et la véracité des déclarations de Vader quand il dit être le père de Luke. Pour le metteur en scène, Irvin Kershner, *L'Empire* est comme « le deuxième mouvement d'une symphonie, qui est toujours un largo, plus lent. Le point culminant intervient au troisième mouvement ».

LES TROIS METTEURS EN SCÈNE
La fabrication du premier film *Star Wars*, épuisante, a contraint Lucas (*au centre*) à confier à Irvin Kershner (*à g.*) celle de *L'Empire contre-attaque* et à Richard Marquand (*à dr.*) celle du *Retour du Jedi*. Les trois hommes se sont rencontrés quand Kershner est venu rendre visite à Lucas et Marquand sur le tournage du Jedi.

ÉPISODE VI : *LE RETOUR DU JEDI* (1983)
Le *Jedi* a été co-écrit par George Lucas et Lawrence Kasdan, qui avait aussi réécrit le script de *L'Empire* après la mort de la scénariste Leigh Brackett. « Le *Jedi* était un film bien plus délicat », dit Kasdan dans un entretien en 2000, « car tous les éléments devaient tomber pile-poil ». L'acteur Mark Hamill (Luke Skywalker) se rappelle : « On sentait bien que c'était la fin, qu'ils allaient renouer tous les fils épars ».

JABBA RÉINVENTÉ
Devant les caméras qui filmaient *Star Wars* en 1976, l'acteur Declan Mulholland jouait Jabba le Hutt face à Harrison Ford en Han Solo, dans la séquence du spatioport de Mos Eisley. Au départ, Jabba devait être animé image par image, mais la séquence fut finalement coupée, et Jabba ne fit ses débuts à l'écran que dans *Le Retour du Jedi*. La séquence fut récupérée avec un Jabba animé par ordinateur pour *Star Wars Édition Spéciale* (1997).

ÉPISODE I :
***LA MENACE FANTÔME* (1999)**
Se servant de la trame de fond qu'il avait écrite pour la première trilogie, Lucas commença le scénario de l'Épisode I le 1er novembre 1994 et retourna à la mise en scène après une pause de 20 ans. « J'ai aimé mettre en scène l'Épisode I », déclara-t-il en 1999, « mais ça n'est pas la partie que je préfère. Mettre en scène, c'est comme faire la guerre, tout le monde vous le dira. Le travail crucial, c'est celui du montage ».

ÉPISODE II : *L'ATTAQUE DES CLONES* (2002)
Lucas a coécrit avec Jonathan Hales le scénario de *L'Attaque des clones*, qui fut le premier grand film entièrement tourné en vidéo haute définition, et non plus sur pellicule. Dans un entretien prophétique de 1979, Lucas avait déclaré : « Le jour où la vidéo sera d'aussi bonne qualité que la pellicule, de plus en plus de gens passeront à la vidéo pour tourner des films de cinéma ».

ÉPISODE III :
***LA REVANCHE DES SITH* (2005)**
Dans un entretien de 2005, Lucas expliqua qu'une partie du propos de la seconde trilogie consistait à changer l'idée que le public s'était faite de Darth Vader avec la première trilogie. « Dans le IV, on ne savait pas si Vader était un robot ou un monstre, ni même s'il y avait quelqu'un dedans. Maintenant, quand il monte à bord du vaisseau dans le IV, vous vous dites "Mon Dieu, c'est Anakin. Le pauvre, il est toujours coincé derrière ce masque." Ça change tout ».

LE RANCH SKYWALKER
Étudiant en cinéma à la University of Southern California, George Lucas rêvait de construire des locaux pour la postproduction sonore et le montage, « une grande fraternité où les cinéastes pourraient travailler ensemble ». Grâce aux bénéfices de *American Graffiti* et de *Star Wars*, il transforma un ranch de 850 hectares (portés depuis à plus de 3 000 ha) situé dans le Marin County, en Californie, pour en faire le Ranch Skywalker. Le bâtiment principal, de style victorien, abrite les bureaux de Lucas, ainsi que la bibliothèque de documentation de Lucasfilm.

CONCEVOIR UNE GALAXIE

PLUTÔT QUE de leur remettre des scénarios finalisés, George Lucas a toujours étroitement collaboré avec des artistes talentueux afin d'élaborer les personnages, les engins et les planètes, alors même que les histoires n'étaient pas encore achevées. Le consultant artistique Ralph McQuarrie se rappelle que, pendant la production de l'Épisode IV : *l'Empire contre-attaque*, Lucas « voulait retrouver sur l'écran ce qu'il avait en tête. J'ai compris que ce qu'il attendait de moi, c'était la lumière, les textures, l'enthousiasme de ses images mentales ». Une fois validées, les recherches graphiques ont servi de guides visuels pour les concepteurs des nombreux costumes, décors et maquettes de la saga *Star Wars*.

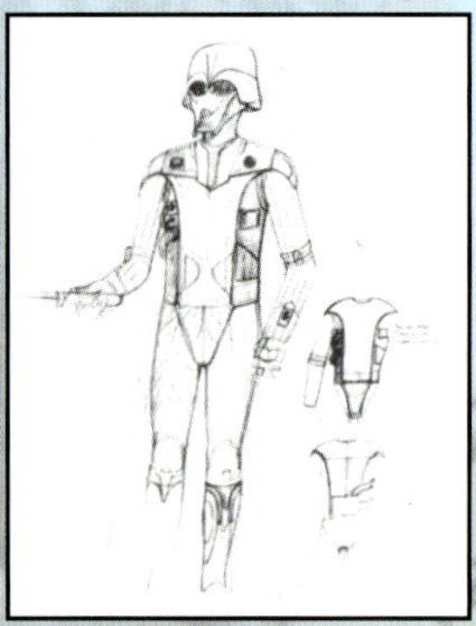

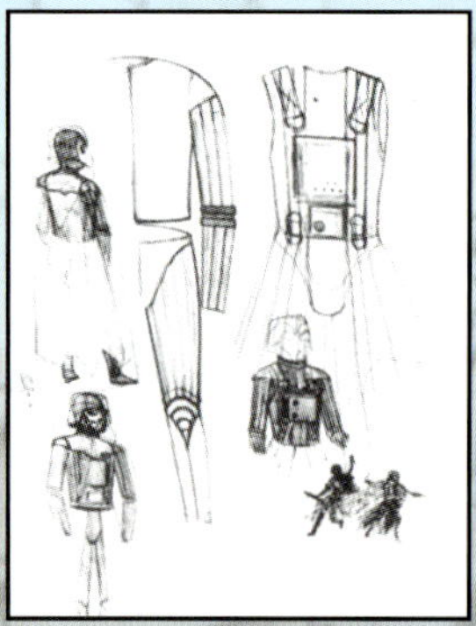

Vader par McQuarrie (ci-dessus). *Recherches de John Mollo* (à droite).

RECHERCHES GRAPHIQUES

George Lucas voulait que Darth Vader soit un personnage de grande taille, sombre, majestueux, avec une tunique flottante et peut-être un masque exotique, comme celui d'un guerrier japonais. En étudiant le scénario, McQuarrie a noté que, pour sa première apparition, Vader sautait d'un vaisseau spatial à un autre, et Lucas a admis qu'il devait porter un équipement de respiration artificielle. « George a aimé le masque que j'avais fait à Vader, avec ses grandes lunettes, et il n'a plus bougé ». Ces croquis ont servi au créateur des costumes, John Mollo, qui a conçu le costume de Vader en éléments démontables rapidement pour que l'acteur « ne soit pas obligé de garder son paletot toute la journée ».

DÉVELOPPEMENT DES PERSONNAGES

Sur l'affiche créée par McQuarrie (*ci-dessus*) alors que Lucas travaillait sur le premier scénario de *Star Wars*, Chewbacca avait des crocs. Le cinéaste avait suggéré à McQuarrie que C-3PO rappelle le robot du *Metropolis* de Fritz Lang (1927). Le personnage avec un sabre laser ressemble à Lucas dans ces années-là.

CONCEPT ÉTENDU

Chargé de concevoir un nouveau Sith pour *L'Attaque des clones*, le graphiste Dermot Power puisa dans sa passion de jeunesse pour les arts martiaux et imagina une femme qui évoquait à la fois un vampire et un samouraï. « J'ai incurvé ses sabres laser Sith car je voulais que ça ait l'air exotique, presque arabe ». Les croquis de Power furent mis de côté quand Christopher Lee signa pour jouer le comte Dooku, puis repris pour Asajj Ventress, la protégée de Dooku, dans les dessins animés, les bandes dessinés et les romans *Clone Wars*.

Ventress dans la BD publiée chez Dark Horse (Ostrander/Duursema/Parsons).

ILLUSTRATIONS DE PRODUCTION

Les illustrations de production aident tous les intervenants concernés par une séquence – maquettistes, décorateurs, éclairagistes, caméramen – à visualiser les scènes spécifiques. Après avoir validé les esquisses des X-wings, des TIE et de la tranchée de l'Étoile Noire pour *Un nouvel espoir*, Lucas a chargé Ralph McQuarrie de réaliser une peinture (*à g.*) pour indiquer les échelles relatives de l'Étoile Noire et des chasseurs. Elle a également été utile aux spécialistes des trucages.

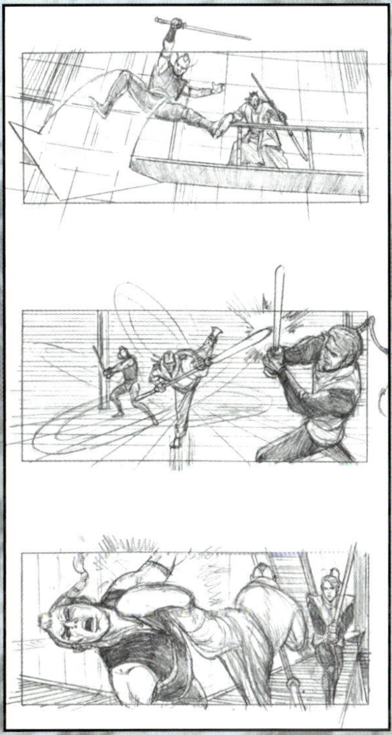

STORY-BOARDS

Succession de dessins qui illustre l'action et la composition d'un plan, le *story-board* peut aussi contenir des indications techniques sur les mouvements de caméra et les trucages. Pour *La Menace fantôme*, le story-boardeur Benton Jew faisait parfois dépasser ses personnages du cadre rectangulaire (qui symbolise l'écran) pour mieux indiquer leurs mouvements.

ANIMATIQUES

Les animatiques sont des simulations de scènes qui clarifient le rythme et la composition d'un plan. Il peut s'agir d'un simple *story-board* filmé ou d'une animation informatique complexe en 3D. Des animatiques en 3D basse définition créées par Dan Gregoire et son équipe ont servi tout au long de la production de *La Revanche des Sith*.

CONCEPTION DES COSTUMES

Nombre de personnages de *Star Wars* sont aisément reconnaissables à leurs tenues. Pour *La Menace fantôme*, Lucas a demandé au graphiste Iain McCaig et à la créatrice de costumes Trisha Biggar d'habiller les gens de Theed avec « des vêtements de paradis ». Les recherches de McCaig pour la reine Amidala combinent la peinture préraphaélite et l'art nouveau avec des vêtements cérémoniels tibétains et mongols.

Cette étude d'Edwin Natividad montre les niveaux inférieurs de Coruscant, où l'on se déplace dans un monorail.

LES TRUCAGES

PENDANT les préparatifs de *Star Wars*, en 1975, George Lucas avait vainement cherché « une société d'effets spéciaux capable de faire ce que je voulais. La seule solution consistait donc à créer la mienne, en commençant par engager des jeunes gens, au besoin en les formant ». Réservé à l'origine à *Star Wars*, Industrial Light & Magic (ILM) a combiné nouvelles technologies et techniques éprouvées pour créer des effets visuels étonnants dans plus de 125 réalisations. Même si les trucages de la première trilogie avaient remporté des prix, Lucas était frustré par les limitations technologiques et hésitait à refaire un *Star Wars*, « à moins de disposer des moyens nécessaires pour raconter ce que je tenais à raconter ». Près de 10 ans après la sortie du *Retour du Jedi*, quand il vit les dinosaures hyperréalistes que ILM avait créés par ordinateur pour le *Jurassic Park* de Steven Spielberg (1993), Lucas sut qu'il était temps de revenir à *Star Wars*. « Avec l'infographie, je savais que tout m'était permis ».

MATTE PAINTINGS

Les *matte paintings*, qui remontent aux origines des trucages cinématographiques, permettent de situer une scène dans un décor plus vaste que le plateau où elle est tourné. Pour *L'Empire contre-attaque*, Ralph McQuarrie a peint Cloud City au crépuscule directement sur une grande plaque de verre (*ci-dessus*). Les images filmées ont occupé les zones laissées en noir (*ci-dessous*). De nos jours, on obtient un réalisme absolu en utilisant des *mattes* numériques et des environnements générés par ordinateur.

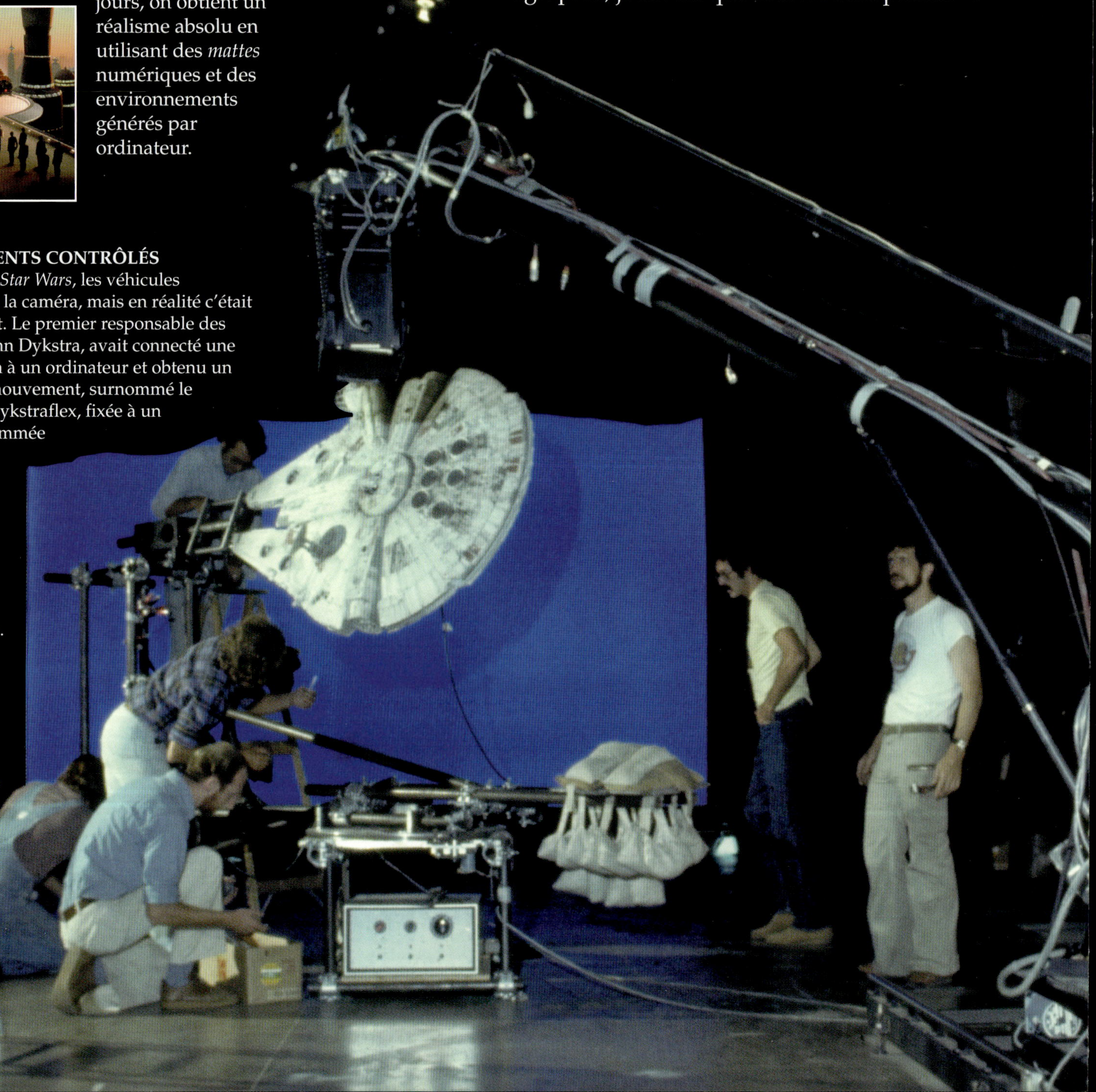

CAMÉRA À MOUVEMENTS CONTRÔLÉS

Dans la première trilogie *Star Wars*, les véhicules semblaient passer devant la caméra, mais en réalité c'était la caméra qui se déplaçait. Le premier responsable des effets spéciaux d'ILM, John Dykstra, avait connecté une vieille caméra VistaVision à un ordinateur et obtenu un système de contrôle du mouvement, surnommé le Dykstraflex. La caméra Dykstraflex, fixée à un bras articulé, était programmée pour se déplacer autour d'une maquette placée devant un écran bleu ; elle refaisait ensuite exactement les mêmes déplacements autours d'autres éléments, qui pouvaient ensuite être inclus dans le même plan.

L'ÉVOLUTION DU SABRE LASER

Pour les trois premiers films, les effets de sabres laser étaient réalisés par rotoscopie : la retouche manuelle de chaque image. Des « lames » de bois (*à dr.*) rotatives, revêtues d'un matériau qui reflétait l'éclairage du plateau, étaient filmées à travers un miroir semi-argenté. Vues par la caméra, elles semblaient briller, et la rotoscopie faisait le reste. Pour la seconde trilogie (*ci-dessus*), les sabres laser avaient des lames métalliques rendues lumineuses par infographie à la postproduction.

IMAGES GÉNÉRÉES PAR ORDINATEUR

Pour la scène de *L'Attaque des clones* où Obi-Wan visite les installations de clonage sur Kamino, l'acteur Ewan McGregor a été filmé tout seul devant un écran bleu. Les images obtenues ont ensuite été assemblées avec des personnages et un environnement créés par ordinateur, puis les textures et les détails ont été ajoutés. Au final, Obi-Wan semble marcher dans un couloir vitré en compagnie de Lama Su et Taun We.

INGÉNIEURS DU SON

Jugeant que les sons électroniques étaient omniprésents dans le cinéma de fantasy, George Lucas a souhaité qu'on utilise des sons réels et non pas synthétiques pour *Star Wars*. Ces sons furent ensuite modifiés pour créer les bruits des vaisseaux, des armes et des créatures. Matthew Wood (*ci-dessus*), le responsable des effets sonores, a rassemblé une grande variété de sons rares pour la seconde trilogie, tout comme Ben Burtt l'avait fait pour la première.

BANDE SONORE

Compositeur des six films *Star Wars*, John Williams a dirigé les 87 instrumentistes du London Symphony Orchestra en mars 1977 pour enregistrer la musique originale de *Star Wars* (*ci-dessus*). Williams créa un thème pour chacun des personnages principaux. « J'avais décidé de m'inspirer des partitions romantiques de la fin du XIXe siècle », a-t-il expliqué en 1979.

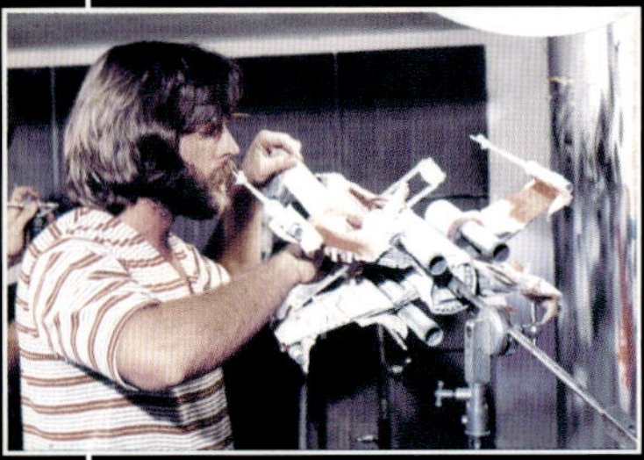

Grant McCune, maquettiste en chef à ILM, masque un X-wing pour le 1er Star Wars, en 1976.

LES MAQUETTES

QUAND GEORGE LUCAS fonda la société d'effets spéciaux qui deviendra Industrial Light & Magic (ILM), il engagea un groupe de jeunes maquettistes pour construire les engins imaginés par Ralph McQuarrie et Joe Johnston pour *Star Wars*. Le responsable des maquettes, Steve Gawley, qui est chez ILM depuis sa fondation en 1975 et a participé à plus de 40 films, déclare : « Au fil des ans, nous avons construit des trains, des avions, des automobiles, des vaisseaux spatiaux, des créatures, etc. En outre, nous aidons les réalisateurs en leur fournissant des objets en volume, qu'ils peuvent visualiser en 3D avant qu'ils soient réalisés sous forme numérique ».

MAQUETTES FILMÉES IMAGE PAR IMAGE
En modifiant très légèrement la position d'une maquette entre deux prises de vue, on donne l'illusion du mouvement, une fois le film projeté à vitesse normale. Les TB-TT de *L'Empire contre-attaque* ont été créés par Jon Berg et Tom St Amand à partir des recherches de Joe Johnston. Pour le prototype, Berg a créé des pièces mobiles comprenant de petits pistons dans la partie supérieure des pattes, ce qui renforçait la crédibilité mécanique.

MARIONNETTES MANUELLES
Stuart Freeborn (*à g.*) a sculpté la marionnette de Yoda en mousse de latex et conçu les mécanismes qui animaient ses yeux, sa bouche et ses oreilles. Le vieux maître Jedi fut animé par le marionnettiste Frank Oz, qui lui donna aussi sa voix.

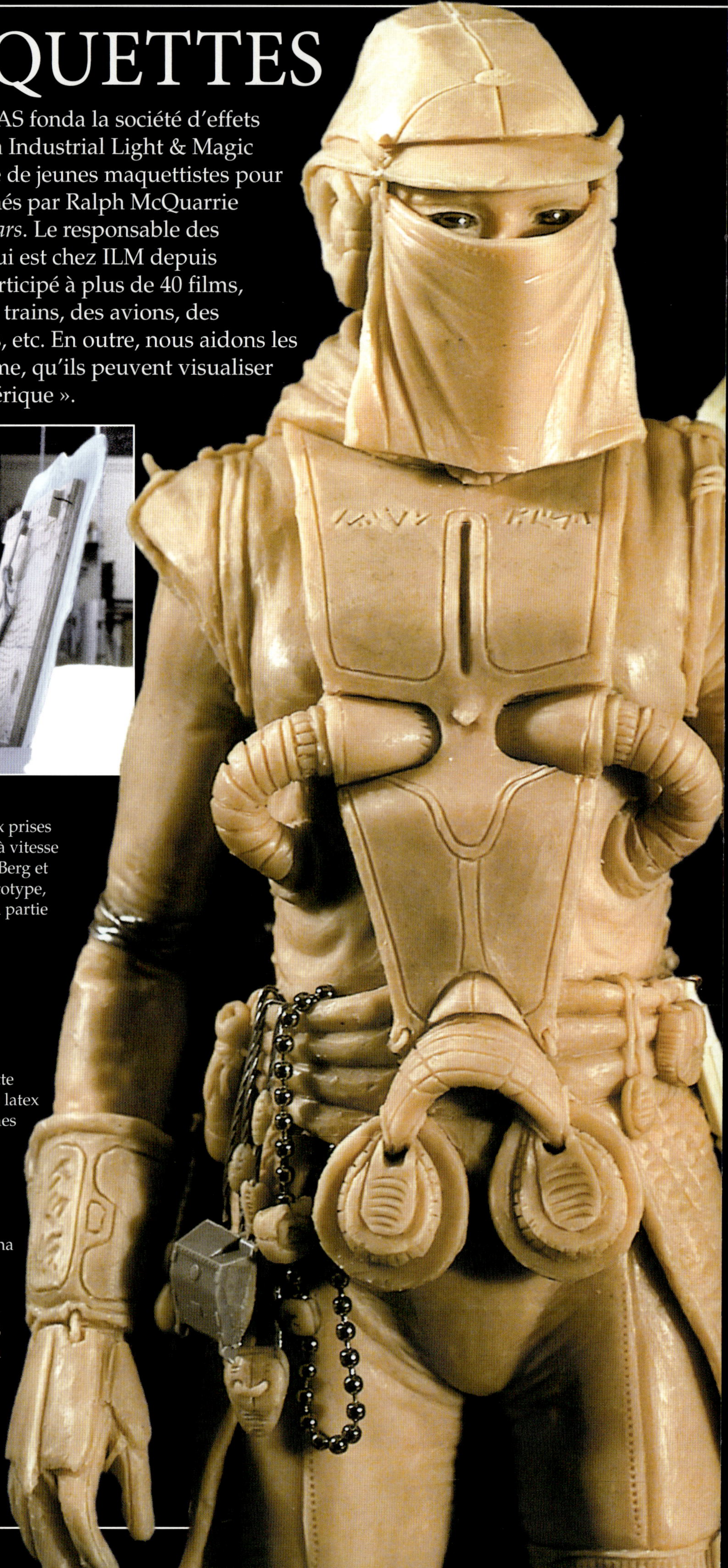

MAQUETTES CONCEPTUELLES
À partir des études graphiques d'Edwin Natividad, Michael Patrick Murnane a utilisé du Sculpey (une sorte d'argile) pour créer la maquette conceptuelle de Zam Wesell. « Contrairement à un dessin », explique Murnane, « quand on manipule un objet en 3D, tout le monde voit et parle de la même chose ». La maquette a servi de base pour le costume final de Zam.

MAQUETTES GRANDEUR NATURE

Le landspeeder de Luke dans *Un nouvel espoir* était un accessoire grandeur nature construit en Angleterre. Il en existait une version motorisée à trois roues, qui servit lors des tournages en extérieur en Tunisie. Elle fut envoyée en Californie pour des scènes complémentaires tournées dans la vallée de la Mort, et certains employés d'ILM ont attiré tous les regards en circulant en ville à son bord.

MAQUETTES PLASTIQUE

De nombreuses maquettes de vaisseaux de *Star Wars* ont été assemblées en combinant des éléments originaux et des maquettes du commerce. La maquette du TIE *Interceptor* (*ci-dessus*) a été conçue par Joe Johnston et construite par Lary Tan, et mesure environ 60 centimètres d'envergure.

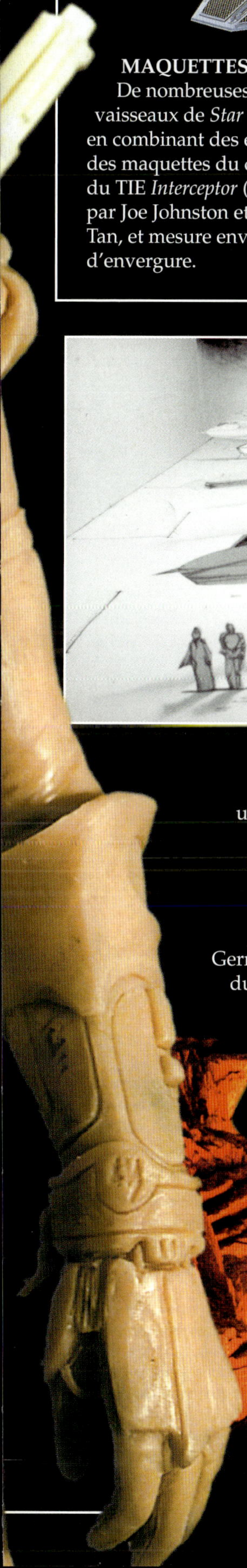

MARIONNETTES SUR TIGES

Le rancor de l'Épisode VI : le *Retour du Jedi*, conçu par Phil Tippett, est une marionnette sur tiges en caoutchouc mousse, haute de 61 centimètres et animée par trois marionnettistes.

MAQUETTES DE DÉCORS

Utilisées comme repères visuels pour les décorateurs, les maquettes de décors indiquent également les positions des caméras et des acteurs. La maquette du hangar de Yavin 4 (*à g.*) a été réalisée en papier et en carton.

DIORAMAS

Le plus grand diorama jamais construit pour un film de *Star Wars* a été créé pour *La Revanche des Sith*. Il s'agit de la planète volcanique Mustafar. Pour l'animer, les responsables des effets visuels John Knoll et Roger Guyett ont travaillé avec l'atelier de maquettes d'ILM, dirigé par Brian Gernand. La lave était représentée par du méthylcellulose, une substance utilisée dans l'industrie alimentaire. Ci-dessous, le chef maquettiste Nick D'Abo vérifie l'écoulement de la lave.

LES AFFICHES DE FILMS

DU FAIT QUE les affiches servent à la fois à la promotion d'avant-sortie et à la sortie en salle, voire aux ressorties, il n'est pas surprenant que les six films *Star Wars* en aient généré un si grand nombre. La plupart ont été imprimées en grandes quantités, mais certains tirages limités sont des objets de collection. Il arrive que l'affiche se contente de reproduire une photographie, mais la majorité sont des peintures originales. D'après le prolifique dessinateur Drew Struzan, « si la photographie reflète directement la réalité, l'art l'interprète, ce qui implique une émotion. C'est pourquoi George Lucas privilégie l'illustration, parce qu'il veut que l'affiche véhicule l'âme du film ».

Ralph McQuarrie a réalisé cette recherche graphique pour The Star Wars *alors que l'histoire était à peine ébauchée.*

AFFICHES DE CINÉMA

L'affiche *Star Wars* de style « A » est considérée comme l'une des plus célèbres de l'histoire du cinéma. Peinte par Tom Jung, l'image de Leia au côté de Luke brandissant un sabre laser a été intégrée au logo *Star Wars* utilisé pour d'innombrables produits dérivés. L'original est exposé au Ranch Skywalker. L'actrice Debbie Reynolds, mère de Carrie Fisher (la princesse Leia), a tellement aimé cette peinture qu'elle en a demandé une copie à Jung. Par la suite, Jung a réalisé les illustrations de couverture pour les romans *L'Héritier de l'Empire*, *La Bataille des Jedi* et *L'Ultime commandement*.

L'affiche « A » de Roger Kaste pour L'Empire *évoque celle de la ressortie d'*Autant en emporte le vent *en 1967.*

L'affiche de style « B » pour Le Retour du Jedi *a été peinte par Kazuhiko Sano.*

CHANGEMENT DE TITRE

Le titre *La Revanche du Jedi* figurait sur l'affiche que Drew Struzan avait réalisée pour le troisième film en 1982, mais Lucas, pour qui un Jedi ignore le sentiment de revanche, changea le titre juste avant la sortie. « Le film s'est toujours appelé *Le Retour du Jedi* mais nous avions tant de problèmes de fuites vers les médias que nous avons appelé le film *La Revanche du Jedi* pour avoir la paix », a déclaré Lucas.

AFFICHES DE « TEASING »

Les affiches de « teasing » sont distribuées plusieurs mois avant la sortie effective du film. Celle de l'Épisode I a été réalisée en novembre 1998, lors de la sortie de la première bande-annonce en salle aux États-Unis. L'ombre menaçante derrière un Anakin âgé de neuf ans préfigure sa sombre destinée et annonce l'histoire qui se déroulera sur toute la prélogie.

Pour le « teaser » de l'Épisode II, les responsables de Lucasfilm ont retenu le thème de l'amour interdit.

Le « teaser » de l'Épisode III sorti à l'automne 2004 faisait écho au lien Anakin-Vader du « teaser » de l'Épisode I, avec Anakin désormais attaché au côté obscur qui le consumera.

BLUE HARVEST
HORROR BEYOND IMAGINATION

Lors de la préparation du Retour du Jedi, *Lucasfilm a utilisé ce logo « officiel » sur ses documents, ses tee-shirts et ses casquettes, et l'équipe de tournage avait pour instructions de dire qu'il s'agissait d'un film d'horreur.*

TOURNAGES FURTIFS

Pour le futur *Retour du Jedi*, Lucasfilm envisageait de tourner certains plans dans des lieux publics en Arizona et en Californie. Le faux titre de *Blue Harvest* fut créé dans le but d'écarter les fans et les médias. Même si certains ont fini par être informés des tournages californiens, Howard Kazanjian, le producteur du *Jedi*, a déclaré que la ruse de *Blue Harvest* avait parfaitement fonctionné.

AFFICHES ÉTRANGÈRES

Si la plupart des affiches internationales de *Star Wars* reprennent les américaines, certaines sont des créations originales. L'une des plus étonnantes est celle de Witold Dybowski pour la sortie polonaise du *Jedi*. Lucasfilm n'avait communiqué aucune information à Dybowski qui, sachant seulement que Vader mourait, supposa « que cette mort serait sans doute spectaculaire ».

L'UNIVERS ÉTENDU

LES FILMS *STAR WARS* n'en finissent pas de générer une quantité croissante de bandes dessinées, de romans, de jouets et de jeux vidéo, souvent en rapport les uns avec les autres, qui contribuent à enrichir la variété des personnages, des lieux et des récits de la galaxie *Star Wars*. Les fans et les collectionneurs ont à leur disposition une large gamme d'objets divers, tels que bain moussant R2-D2, boîte à sandwichs Vader, vaisseaux électroniques, figurines, tee-shirts et répliques d'accessoires vus dans les six films. Toutefois, d'après George Lucas, les licences et le *merchandising* n'avaient absolument pas été envisagés dès le début : « Personne ne prévoyait ça, surtout pas nous. Les premiers jouets sont sortis un an après le premier film, puis c'est devenu ce que c'est aujourd'hui, et ça m'a permis de financer les films. J'aime bien les jouets, et mes films sont faits pour stimuler l'imagination du public, surtout chez les jeunes ».

LE MERCHANDISING

En 1977, George Lucas a révolutionné le merchandising lié au cinéma car, en ayant su rester propriétaire des droits dérivés de *Star Wars*, il a pu se passer de la 20th Century Fox pour négocier les licences commerciales. L'idée de produits dérivés *Star Wars* lui est venue alors qu'il écrivait le premier film : « Je passais mes journées assis, à écrire et boire du café, je travaillais sur les Wookiees et ce genre de choses et je me suis dit que ce serait rigolo d'avoir une tasse à café Wookiee ». Il pense que son chien, Indiana, a également joué un rôle, car « il a constitué une sorte de prototype pour les Wookiees, et puis on voit partout des tasses à café à l'image de nos animaux de compagnie. Mon idée, c'était juste d'avoir un objet personnel posé sur mon bureau pendant que je travaillais, pas d'en vendre pour gagner beaucoup d'argent ».

*Quel collectionneur oserait déballer l'*Empereur *de son emballage d'origine ? Entre 1978 et 1985, Kenner Products a sorti 136 figurines* Star Wars *dont plus de 250 millions d'exemplaires se sont vendus. Racheté par Hasbro en 1995, Kenner Products commercialise à nouveau des figurines.*

DIVERTIR ET INSTRUIRE
Tous les jouets et jeux *Star Wars* stimulent l'imagination, mais certains se veulent éducatifs, tels les livres à lire tout en écoutant un enregistrement, destinés aux plus petits (« Quand tu entends RD-D2 siffler, tourne la page »). « *Planet of the Hoojibs* », adapté de la bande dessinée *Star Wars* n° 55 (Marvel Comics), publié en 1983 par les disques Buena Vista, était accompagné d'un disque vinyle ou d'une cassette audio.

LEGO & LUCASFILM
En 1998, Lucas Licensing et le Groupe LEGO ont annoncé la signature d'un accord exclusif pluriannuel selon lequel LEGO produirait des boîtes de jeu et des figurines basées sur *Star Wars*. C'était la première fois que LEGO achetait une licence, et la présence de Lucasfilm sur le marché du jouet européen s'en trouva renforcée. Un Yoda haut de 36 centimètres constituait le gros lot d'une campagne de promotion des magasins Target, et son gagnant devait deviner le nombre de briques LEGO utilisées pour le construire. Le succès fut tel que LEGO reprit son Yoda de 1 078 pièces pour sa collection Ultimate Collector.

L'édition Saga 2005 du Monopoly Star Wars *comprend huit figurines en étain : Yoda, Luke, la princesse Leia, Obi-Wan Kenobi, Darth Vader, Darth Maul, l'Empereur et Grievous.*

JEUX DE PLATEAU
Certains jeux de plateau sont issus de la saga, comme *Évadez-vous de l'Étoile Noire* ! (« Celui qui détruit l'Étoile Noire a gagné ! ») de Kenner/Parker Bros sorti en 1977. D'autres sont des versions *Star Wars* de Stratego, Risk ou Trivial Pursuit. Le Monopoly *Star Wars* existe en jeu de plateau et en jeu sur CD-ROM pour ordinateur.

George Lucas a fini par avoir sa tasse à café Chewbacca, haute de 17 centimètres et sculptée par Jim Rumpf pour California Originals (Mind Circus) en 1977-78. La même société a produit des chopes Darth Vader et Obi-Wan Kenobi.

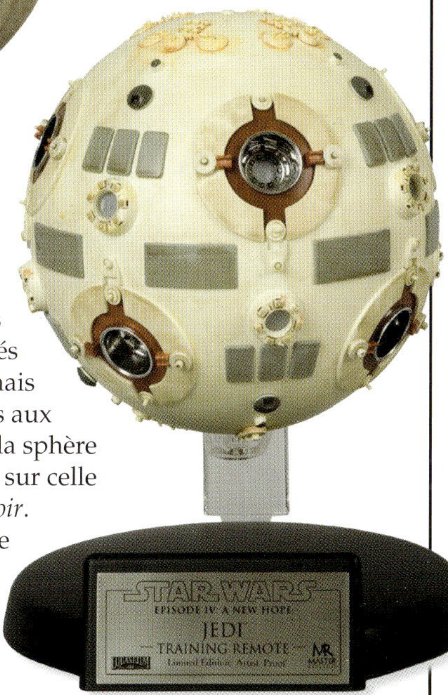

RÉPLIQUES D'ACCESSOIRES

La plupart des accessoires originaux de *Star Wars* sont conservés dans les archives de Lucasfilm, mais certaines copies ont été proposées aux fans. Master Replicas a produit la sphère d'entraînement Jedi, basée sur celle qu'on voit dans *Un nouvel espoir*. Placée sur son support, elle semble léviter.

Les tee-shirts C-3PO et R2-D2 (ci-dessus) vendus par Giant étaient disponibles en avance sur la sortie de La Revanche des Sith.

LA REVANCHE DE LA PATATE

Depuis sa commercialisation par Hasbro en 1952, M. Patate a été le tout premier jouet pour lequel des publicités passaient à la télévision, l'une des vedettes des deux films *Toy Story* de Disney et Pixar, et l'ambassadeur officiel de l'office du tourisme du Rhode Island. En 2005, Hasbro/Playskool ont sorti Darth Tater, dont on peut changer les yeux, la langue, le nez, les dents, le masque, le casque, la cape, les chaussures, les deux oreilles et les deux bras (dont l'un tient un sabre laser).

JOUETS ET JEUX

DEPUIS 1976, et avant même la sortie du premier film, la saga *Star Wars* a engendré des dizaines de milliers d'objets à collectionner. Bien qu'il soit sans doute impossible de réunir un exemplaire de chaque, le Rancho Obi-Wan – situé en Californie et géré par le grand collectionneur Steve Sansweet – tend vers cet idéal. En raison de la popularité de la marque parmi les fabricants de jouets, un objet qui associe *Star Wars* à des sociétés telles que Pez, Hallmark ou LEGO, peut se voir ainsi recherché à double titre. L'émulation entre amateurs, combinée au plaisir de la chasse aux trésors, a transformé bien des fans de Star Wars en collectionneurs impénitents.

K.-O.
Malgré l'avertissement de Han Solo quant à la susceptibilité des Wookiees, un garçonnet assène un crochet du gauche à Chewbacca sur la boîte de ce punching-ball gonflable, en 1977. Kenner Products a également sorti des versions arborant Darth Vader, R2-D2 et un Jawa.

BOBA FETT
Le chasseur de primes Boba Fett est un personnage culte de la saga. On voit ici le *Slave I* original de Kenner, conçu pour accompagner sa gamme de figurines de 10 cm et destiné aux fans qui venaient juste de voir Boba Fett dans *L'Empire contre-attaque*.

La galaxie Star Wars *ayant connu bien des guerres de conquêtes, le jeu de plateau Risk était tout indiqué pour un partenariat commercial. Cette édition* Clone Wars *était destinée au marché français.*

ADORABLE VOYOU
Han Solo n'a jamais été plus mignon que sous la forme de cette poupée à tirage limité du fabricant Madame Alexander. Chaque exemplaire était vendu avec une princesse Leia et un Luke Skywalker, la boîte n'ayant été commercialisée qu'à mille unités par les magasins de jouets FAO Schwartz.

La reine Amidala était un thème tout trouvé pour les objets commercialisés à destination des petites filles autour de l'Épisode I. Ainsi, ce kit « Bijoux et Maquillage de la reine Amidala », signé Rubie's.

UTINNI!
C-3PO a beau qualifier les Jawas de « créatures dégoûtantes », ils font des poupées adorables. La première peluche de Jawa fut produite par Regal Toys en 1979, en exclusivité pour le Canada.

À l'ancienne

Cette version rétro de C-3PO, qui évoque les robots à ressort des années 50, vient du Tin Toy Institute d'Osaka, au Japon. Cette société, qui a également produit un R2-D2, un Boba Fett, un stormtrooper et un Darth Vader, a su toucher les collectionneurs en combinant le savoir-faire moderne et le goût du public pour le design classique.

Cette peluche de Malani, personnage mineur de la série animée Ewoks, *est un produit de Kenner.*

Que transporte-t-il ?

Le carton d'emballage de ce R2-D2 range-jouets d'American Toy and Furniture étant une édition limitée, elle est d'autant plus recherchée par les collectionneurs.

Le puissant Chewbacca

Le marché des figurines de 10 cm est l'un des plus anciens et des plus actifs parmi les collectionneurs. Cette version de Chewbacca, produite par Hasbro pour *La revanche des Sith*, est beaucoup plus détaillée que celle produite originellement par Kenner en 1978. Au fil des ans, les figurines Chewbacca ont connu des dizaines de variations, dans la sculpture et le conditionnement.

À la moindre erreur de votre part, ce Vader venu du Japon perd la tête.

Kenner a sorti son Electronic Battle Command Star Wars *en 1978, contribuant à inaugurer l'ère des jouets électroniques* Star Wars, *même si on est encore très loin des jeux captivants produits de nos jours par LucasArts.*

Klaatu

Han Solo

Garde gamorréen

Minibarge à voile du désert

Darth Vader

Anakin Skywalker

Dignitaire de l'Empire

La mininavette impériale PSI-6 est une vision adoucie du vaisseau vu dans Le retour du Jedi.

Barada

L'Empereur

Le dignitaire impérial fut sans doute le personnage le moins important à se voir immortalisé en plastique.

CLASSIQUES EN PLASTIQUE

ACQUISE PAR HASBRO en 1991, la société Kenner fut le principal fabricant de jouets *Star Wars* entre 1977 et 1985. Ses produits étant généralement destinés aux enfants, il est aujourd'hui difficile de retrouver les emballages et les pièces d'origine. Grâce à l'informatique, les figurines sont désormais étonnamment réalistes, mais rien ne remplacera jamais le charme des jouets de l'âge d'or.

Grâce à son cockpit lesté, le mini-engin Ranger de la Forêt d'Endor revenait toujours dans sa position initiale.

Pilote de A-wing

Squid Head

Bib Fortuna

Wicket W. Warrick

La princesse Leia

Kenner produisit pas moins de huit figurines d'Ewoks différentes.

Ce présentoir pour magasin, dont les éléments étaient vendus séparément, comprend des figurines, des véhicules et des mini-engins produits par Kenner à la sortie du Retour du Jedi

MINI-ENGINS

Les véhicules conçus pour la gamme des figurines de 10 cm étaient des objets chers et volumineux. Kenner a diversifié son offre avec ses mini-engins compacts, aux designs originaux et inédits à l'écran. La collection, riche en acronymes, comprenait le CLM-3 à dôme transparent, le VMT-7 des stormtroopers, et le menaçant CAP-2, avec ses membres à ventouses et son lugubre bras-crochet.

Logray (à gauche) et le Chef Chirpa (à droite) furent parmi les figurines du Retour du Jedi *les plus finement sculptées.*

OBJETS… ET GADGETS

LA GALAXIE DES OBJETS DE COLLECTION *Star Wars* est hétéroclite : qu'il s'agisse d'une cravate, d'un paquet de céréales ou même de papier-toilette, il est probable que quelqu'un, au cours des trente dernières années, aura tenté d'en obtenir une licence *Star Wars*. Parfois, il en a résulté une pièce de collection. D'autres fois, le produit s'est avéré tout à fait incongru. Néanmoins, tout objet *Star Wars* connaît une seconde vie : même s'il a été négligé lors de sa commercialisation, les collectionneurs s'en empareront ensuite pour son caractère et son charme uniques, son côté kitsch pouvant même accroître sa valeur, longtemps après sa sortie.

À L'ÉCOLE
Dès ses débuts en 1977, *Star Wars* est apparu sur les fournitures scolaires, depuis les cahiers jusqu'aux boîtes à sandwich. Cette trousse en plastique fut produite par Helix au Royaume-Uni. Elle existait avec Darth Vader, la princesse Leia et R2-D2.

Cette pièce représentant l'orchestre de la cantina vu dans Un nouvel espoir *fut émise en 1987 par Rarities Mint, en versions or ou argent, pour commémorer le 10e anniversaire de* Star Wars.

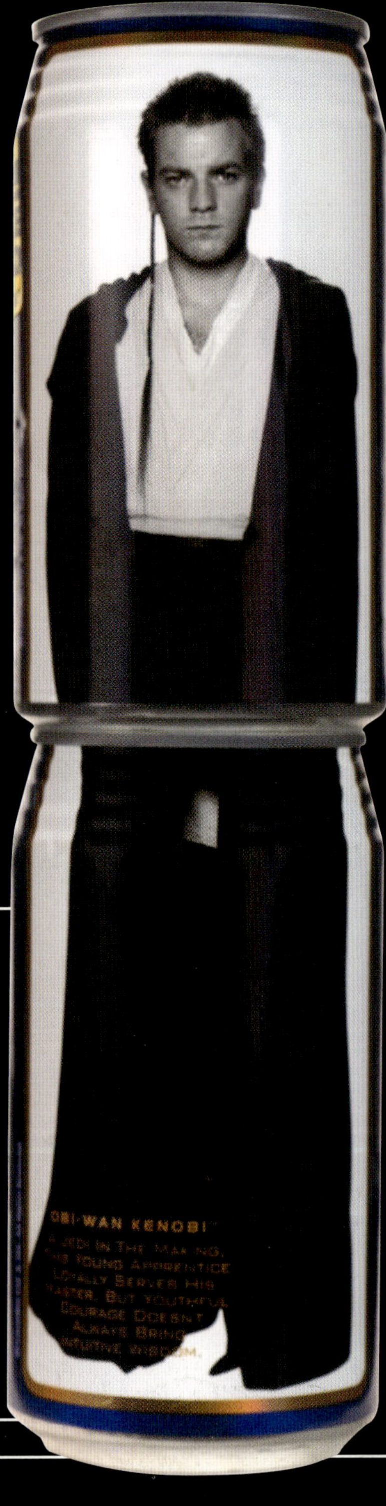

BULLES DE STARS
En 1999, la sortie de l'Épisode I : *La menace fantôme* – le film le plus attendu de l'histoire du cinéma – a été l'occasion d'opérations commerciales sans précédent. Pepsi-Cola était au premier rang, décorant ses cannettes avec des photos des principaux personnages. Au Japon, la même société a sorti Obi-Wan Kenobi, Darth Maul, la reine Amidala, R2-D2, Nute Gunray et Watto sur des boîtes empilables deux par deux.

JEDI DE COMPAGNIE
Rubie's propose une amusante gamme de vêtements *Star Wars* pour animaux qui comprend Yoda, Darth Vader et Leia en esclave. Cette société vend également des déguisements pour enfants et adultes, parmi lesquels un soldat clone et un pilote de X-wing aux dimensions d'un bébé.

JABBA AU BAIN
Hygiène corporelle et Jabba le Hutt ne semblent guère synonymes, pourtant Omni Cosmetics proposait en 1983 ce flacon de savon à l'image du visqueux gangster.

Jar Jar Binks semble satisfait d'avoir une pompe sur le crâne. Ce flacon distributeur de savon de Jay Franco & Sons est sorti en 1999.

FLACON EXTRA-LARGE
Ces impressionnantes maquettes du *Millennium Falcon* mesurent près de deux mètres. Produites en guise d'exemplaires de démonstration pour les magasins TOYS "R" US en 1997, elles sont devenues des pièces de collection. Ce *Falcon*-ci est suspendu au plafond du musée privé du grand collectionneur Steve Sansweet.

OBJETS LOUFOQUES
Parmi les plus bizarres des objets *Star Wars* jamais commercialisés, on trouve ce distributeur en céramique représentant un C-3PO qui tient entre ses genoux un rouleau de bande adhésive. Produit par Sigma Features en 1983, il a acquis une certaine notoriété parmi les collectionneurs.

QUATRE FOIS PLUS PROPRE
Star Wars et le savon se côtoient depuis longtemps, comme le démontre ce pack de quatre savonnettes d'Omni Cosmetics. En raison de leur nature éphémère, les objets tels que savons et aliments sont difficiles à trouver dans leur état d'origine.

RARES ET CHERS

AU TEMPS DE LA TRILOGIE *STAR WARS* CLASSIQUE, les jouets étaient en plastique résistant car le merchandising était destiné aux enfants. Puis les fans ont grandi, et des pièces de collection d'un genre nouveau sont apparues. Des sociétés telles que Gentle Giant, Master Replicas, Slideshow Collectibles et Don Post ont proposé des objets de qualité aux fans adultes. Des statues grandeur nature de Boba Fett et C-3PO coûtent plusieurs milliers de dollars, et le détaillant Neiman Marcus a, dans son catalogue de Noël 1996, mis aux enchères un chasseur X-wing grand format pour 35 000 $ (une partie des gains allant à une œuvre de charité). De nombreux objets *Star Wars* peuvent devenir des biens dignes d'être transmis en héritage.

Les montres *Star Wars* sont un genre très collectionné, qu'elles soient décorées par des hologrammes ou des visages.

Wicket l'Ewok n'a jamais été aussi réussi que dans cette céramique du fabricant français Attakus, réalisée à 1 500 exemplaires seulement.

Présentée à la Comic-Con International de San Diego en 2006, cette princesse Leia en esclave de Jabba le Hutt est la dernière-née d'une série de statues et de bustes de Gentle Giant.

Cette boule de neige, proposée par Encore en 2005, s'inspire de l'affiche classique de Tom Jung. D'autres modèles représentent la bataille de Hoth et Yoda affrontant l'Empereur.

Fernandes Guitars a sorti cette Retrorocket Darth Vader en 2002. Chacun des 250 exemplaires était décoré à l'effigie de Darth Vader, avec un insigne de l'Empire et la mention Star Wars *sur le manche.*

MEILLEURS VŒUX
Fabriqué par Kurt S. Adler, ce Yoda Fabriché (conçu suivant une technique analogue au papier mâché mais employant un matériau déposé) est haut de 16 cm. Le premier à avoir déguisé Yoda en Père Noël fut le dessinateur Ralph McQuarrie, pour une carte officielle de Lucasfilm en 1981.

MAGIQUE SITH
Réalisez cette sculpture-puzzle en 3D proposée par Really Useful Games en procédant soigneusement, couche après couche. Si vous parvenez à l'achever, vous verrez le visage terrifiant de Darth Maul vous contempler.

TOON STAR
Limitée à 2 500 exemplaires, cette statuette de Gentle Giant fige Obi-Wan Kenobi en pleine action. La sculpture reprend le design stylisé de la série de dessins animés *Clone Wars*, qui a vu le jour en 2003 sous la direction de Genndy Tartakovsky.

JABBA LE HUTT
Son altesse en majesté repose sur son estrade royale dans cet objet de Sideshow Collectibles. Réalisé en vinyle et long de 30 cm, il possède des bras articulés qui peuvent tenir une petite tasse.

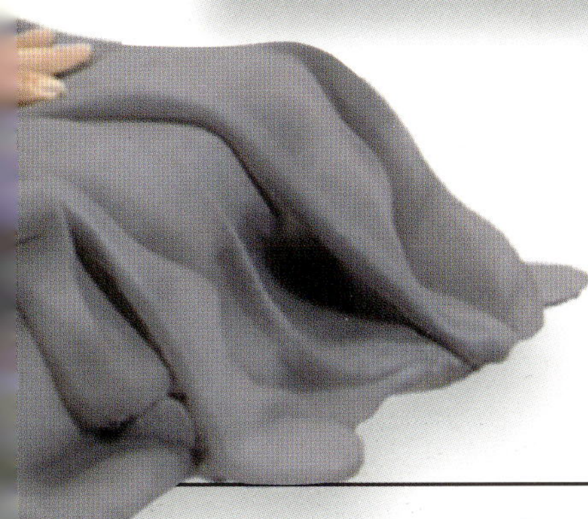

LA SAGA CONTINUE

FEUILLETONS RADIOPHONIQUES
L'écrivain Brian Daley a écrit une adaptation radiophonique d'*Un nouvel espoir* en 13 épisodes pour National Public Radio (NPR) aux États-Unis. Diffusé en 1983, il a été suivi de *L'Empire* et du *Jedi*. Dirigées par John Madden, les voix étaient notamment celles des acteurs Mark Hamill (Luke Skywalker) et Anthony Daniels (C-3PO). Ci-dessus, *L'Empire*, avec Daniels, Ann Sachs (la princesse Leia), Perry King (Han Solo) et Billy Dee Williams (Lando Calrissian).

EN 1979, GEORGE LUCAS a déclaré que la saga *Star Wars* consistait à l'origine en deux trilogies, « mais après le succès de *Star Wars* [Épisode IV] j'en ai ajouté une troisième. » Par ailleurs il a aussi précisé qu'il avait écrit « les neuf films dans leurs grandes lignes ». Toutefois, il s'est récemment contredit en admettant publiquement, lors de la convention *Star Wars* 2005 : « Pour être tout à fait sincère, je n'ai absolument jamais envisagé ce qui pouvait bien se passer au-delà de l'Épisode VI. Cette histoire est celle de Darth Vader ». Bien qu'il n'envisage pas de mettre en scène une troisième trilogie, il a annoncé plusieurs projets télévisuels, dont une version 3D de *Clone Wars*, la série animée qui se situe entre les Épisodes II et III. Avec tous les personnages et toutes les planètes qui peuplent la galaxie *Star Wars*, et tant d'histoires pour enrichir les péripéties des trilogies, il est certain que la saga *Star Wars* n'est pas près de s'arrêter.

Les téléspectateurs ont découvert la Kashyyyk de Chewbacca grâce à cette peinture de Ralph McQuarrie.

LE « *STAR WARS* HOLIDAY SPECIAL »
Le 17 novembre 1978, des millions de personnes ont regardé « The *Star Wars* Holiday Special » sur CBS. Malgré la présence des acteurs principaux d'*Un nouvel espoir*, d'un dessin animé qui présentait Boba Fett et de quelques *matte paintings* de Ralph McQuarrie, le résultat – qui était présenté comme un grand divertissement – fut jugé décevant. L'émission n'ayant jamais été rediffusée ni commercialisée est devenue un objet-culte.

LES AVENTURES DES EWOKS

George Lucas a été producteur exécutif de deux téléfilms, *L'Aventure des Ewoks* (1984) et *La Bataille d'Endor* (1985), diffusés sur ABC aux États-Unis et au cinéma en Europe. Dans la chronologie validée par Lucasfilm, les deux histoires se situent avant *Le Retour du Jedi*, même si la présence d'un jouet en bois représentant un blindé bipède impérial a fait dire au producteur Thomas G. Smith que « l'Empire était passé par là ». Les deux films, qui ont remporté un Emmy Award pour leurs effets spéciaux, sont sortis en DVD en 2005.

LA FAMILLE TOWANI
Se situant avant *Le Retour du Jedi*, les films des Ewoks racontent les aventures sur Endor de la jeune Cyndel Towani (Aubree Miller), de son frère Mace (Eric Walker) et de ses parents Caterine et Jeremitt Towani (Fionnula Flanagan et Guy Boyd, Paul Gleaser qui jouait Jeremitt dans *La Bataille d'Endor*). Cyndel apprend l'anglais à Wicket, mais il semble avoir tout oublié quand il rencontre la princesse Leia.

À droite, la créature nommée Teek, jouée par Niki Botelho, dans La Bataille d'Endor.

EWOKS ENCORE
Les Studios Nelvana, la société d'animation qui avait participé au « *Star Wars* Holiday Special », lança *Star Wars : Droïdes* et *Star Wars : Ewoks* en 1985. *Star Wars : Ewoks*, qui connut une deuxième saison l'année suivante, racontait les aventures du rusé Wicket (*en haut à dr.*) et de sa compagne la princesse Kneesaa (*en bas à dr.*).

DROÏDES ANIMÉS
Anthony Daniels a prêté sa voix à C-3PO pour *Star Wars : Droïdes* des Studios Nelvana qui comprenait 13 épisodes et une spéciale, *Heep le destructeur*. *Ci-contre à gauche*, les droïdes fuient l'ironique Vlix et Boba Fett dans un épisode où on découvrait l'existence des courses de speeders de Boonta, dépourvues du moindre podracer. Pour rester dans la continuité des films, *Star Wars : Droïdes* se situe 15 ans avant *Un nouvel espoir*.

CLONE WARS
Diffusé sur Cartoon Network en 2003, *Star Wars : Clones Wars*, produit et dirigé par Genndy Tartakovsky sous la direction artistique de Paul Rudish, a remporté un Emmy Award. En avance sur l'Épisode III, *Clones Wars* dévoilait déjà le personnage de Grievous.

LES PUBLICATIONS *STAR WARS*

MÊME SI PERSONNE ne pouvait prévoir l'accueil du public pour le premier film *Star Wars*, il existait un indice de l'intérêt qu'un grand nombre de gens portaient au film : en 1976, Ballantine Books avait publié une novélisation du scénario, dont George Lucas était crédité mais qui était en réalité due à Alan Dean Foster. En février 1977, les 500 000 exemplaires étaient épuisés. Autre annonce du succès promis : publiés avant la sortie du film, les trois premiers volumes de l'adaptation de Marvel Comics, qui en comptait six, se vendirent très bien. En 1978, *Splinter of the Mind's Eye* de Foster, le tout premier roman officiel de « l'Univers Étendu », proposait une aventure se déroulant peu après *Un nouvel espoir*. Aujourd'hui, romans et bandes dessinées *Star Wars* rencontrent toujours le même succès.

LE VADER PRÉFÉRÉ
Ralph McQuarrie modifia le casque de Vader durant toute la production de *Star Wars*. Sa version préférée fit la couverture de la première novélisation (*à g.*). « Quand George a vu ce casque-là, il l'a trouvé absolument parfait ».

MARVEL COMICS
George Lucas étant fan du travail de Roy Thomas, auteur et directeur de collection chez Marvel, pour *Conan* et *Tarzan*, il lui demanda de réfléchir à *Un nouvel espoir*. Thomas confia la série à Howard Chaykin et Steve Leialoha, et la maquette de l'affiche promotionnelle de Chaykin fut utilisée pour la couverture du premier numéro (*à dr.*). Les auteurs, disposant de très peu de documentation, avaient été encouragés à prendre des libertés avec Jabba puisqu'il n'apparaissait pas dans le film, ce qui explique le Jabba bipède et svelte qu'on voit dans le numéro 2.

LA SAGA CONTINUE
Après une longue pause, *Star Wars* est revenu en librairie dans les années 90 avec le célèbre *Héritier de l'Empire* de Timothy Zahn (1991). L'histoire mettait en scène Mara Jade et le grand amiral Thrawn, et fut suivie de *La Bataille des Jedi* et de *L'Ultime commandement*. Tous trois forment la « trilogie Thrawn ».

PREMIERS ROMANS PARALLÈLES
Avant l'explosion des publications dans les années 90, les romans parallèles les plus célèbres furent ceux de la série Han Solo, chez Del Rey, écrits par Brian Daley : *Han Solo au bagne des étoiles*, *La Revanche de Han Solo* (*à dr.*) et *Han Solo et le Trésor de Xim*.

DANS LES COULISSES

Nul ne conteste que *Star Wars* est l'œuvre de George Lucas, mais l'auteur-réalisateur lui-même reconnaît volontiers l'importance des apports extérieurs dont il a bénéficié, et de nombreux ouvrages soulignent le travail des illustrateurs et des concepteurs qui ont toujours contribué aux films. Dans sa préface de « *The Art of Star Wars : Episode III Revenge of the Sith* », Lucas résume : « Cet ouvrage rend hommage à leur travail, souvent tenu pour acquis une fois le film terminé, mais sans lequel il n'y aurait jamais eu de film ».

REVUES DE FAN CLUBS

Diverses publications spécialisées proposent aux fans de *Star Wars* des interviews exclusives, des articles factuels, des offres promotionnelles, des conseils aux collectionneurs, etc. *Star Wars Insider* (*à g.*) s'adresse aux fans américains, mais le Royaume-Uni, la France, l'Allemagne, l'Espagne et le Mexique ont les leurs. Tous sont adhérents du Fan Club Officiel *Star Wars*.

Ayant rencontré Lucas à propos de l'histoire du film, Matthew Stove a inclus dans sa novélisation de La Revanche *(ci-dessus) des séquences qui prolongent la chute d'Anakin dans le côté obscur.*

DARK HORSE COMICS

Fondé par Mike Richardson en 1986, Dark Horse Comics a commencé à publier des comics *Star Wars* en 1991. Fan de longue date, Richardson souhaitait ardemment produire des comics *Star Wars* respectueux de la légende, et dont les histoires reposeraient sur la matière existante. Dark Horse a produit plus de 100 titres. *À gauche*, un Anakin combattant dû à Brian Ching pour *Star Wars : Clone Wars* n° 67 (2004).

LES JEUX VIDÉO

En 1982, Parker Bros. a sorti le premier jeu Star Wars *pour Atari 2600 VCS.*

TOUS CEUX qui voudraient trouver des chasseurs spatiaux ou des blasters dans le commerce peuvent tromper leur attente grâce aux nombreux jeux vidéo *Star Wars*. Mais peuvent-ils vraiment transformer leurs rêves en réalité ? Ce fut le cas pour l'acteur Hayden Christensen qui, après avoir joué à être un Jedi opposé aux forces du mal, est devenu Anakin Skywalker à l'écran, dans l'Épisode II. Christensen a reconnu que, plus jeune, il avait passé beaucoup de temps à jouer aux jeux vidéo *Star Wars* : « [Mon frère et moi] on s'enfermait dans ma chambre et on jouait jusqu'à être devenus des chevaliers Jedi. Quand j'avais joué un peu trop longtemps, je faisais des rêves dans lesquels je me trouvais dans le jeu ».

THE EMPIRE STRIKES BACK (PARKER BROS., 1982)
Ce jeu sur cartouche (*à g.*) pour Atari et consoles Intellivision permet au joueur de se prendre pour un Rebelle solitaire qui attaque des TB-TT aux commandes d'un snowspeeder sur Hoth. Pour les empêcher d'atteindre le générateur de bouclier (et gagner la partie), le joueur doit éviter les missiles et toucher chaque quadripode 48 fois.

X-WING (LUCASARTS, 1993-1994)
Quand les PC se généralisèrent, les développeurs de jeux abandonnèrent les cartouches pour le CD-ROM. Les premiers jeux *Star Wars* sur CD-ROM de LucasArts, comme X-WING (*à dr.*), étaient des simulateurs de combat spatial où le joueur était assis dans le cockpit de divers chasseurs (X-wing, B-wing, TIE, *Interceptor*, bombardier ou prototype).

KNIGHTS OF THE OLD REPUBLIC (LUCASARTS/BIOWARE, 2003)
Ce jeu se situe quatre millénaires avant l'Épisode IV et se déroule notamment sur la planète des Sith, Korriban, ainsi que sur Tatooine. Dans KNIGHTS OF THE OLD REPUBLIC, les joueurs peuvent non seulement manier le sabre laser, mais aussi prendre le risque de flirter avec le côté obscur. Des dizaines de magazines et de sites web l'ont élu « jeu de l'année ».

THE SITH LORDS (LUCASARTS/OBSIDIAN ENTERTAINMENT, 2004)
Dans cette suite à KNIGHTS OF THE OLD REPUBLIC, la guerre civile qui a dévasté les Jedi dure depuis cinq ans. Elle met en scène un nouveau seigneur Sith, Darth Nihilus (*à dr.*).

BATTLEFRONT (LUCASARTS/ PANDEMIC STUDIOS, 2004)

Vous voulez voir les Rebelles remporter la bataille de Hoth et perdre celle d'Endor (*à dr.*) ? C'est possible avec STAR WARS : BATTLEFRONT. Dérivé des jeux en réseau d'internet, il permet au joueur de prendre part aux campagnes des deux trilogies : pour les combats des Épisodes I à III, il choisit de se battre au côté de la République ou des Séparatistes ; pour les missions des Épisodes IV à VI, il a le choix entre l'Empire et l'Alliance.

REPUBLIC COMMANDO (LUCASARTS, 2005)

Dans REPUBLIC COMMANDO (*à g. et ci-dessus*), le joueur incarne un clone trooper aguerri, responsable d'une escouade durant la guerre des Clones. Grâce à une commande innovante, il peut manœuvrer tous ses hommes à la fois. Ce jeu pour Xbox et PlayStation 2 peut accueillir jusqu'à 16 joueurs en ligne.

JUMP TO LIGHTSPEED (ci-dessus), *extension du jeu en ligne* STAR WARS GALAXIES, *est un combat spatial où les joueurs peuvent customiser leurs appareils et affronter en duel les joueurs ennemis.*

LA REVANCHE DES SITH (LUCASARTS, 2005)

Dans ce jeu sorti avant le film, vous êtes Anakin Skywalker ou Obi-Wan Kenobi. L'action est parallèle à celle du film mais elle comprend de nouveaux personnages et de nouveaux lieux – ainsi qu'une fin stupéfiante si vous battez Obi-Wan sur Mustafar...

LES « CELEBRATIONS »

La Celebration I *a attiré des milliers de fans à Denver, Colorado. Lors des éditions* II *et* III, *le* Indiana Convention Center *d'Indianapolis a accueilli plus de 30 000 visiteurs. La* Celebration IV *s'est tenue à Los Angeles en mai 2007. Une* Celebration Europe *a eu lieu à Londres en juillet et la* Star Wars Réunion II *à Paris au Grand Rex les 27 et 28 octobre 2007 (plus de 5 000 visiteurs).*

La communauté *Star Wars*, apparue dans le monde entier avec les films et entretenue au fil des ans grâce à la passion des clubs et des sites internet, s'est finalement donnée les moyens de faire la fête. Les événements rassemblés sous l'étiquette « *Star Wars* Celebrations » ont à ce jour connu trois éditions, à l'occasion des films de la prélogie, en 1999, 2002 et 2005, une quatrième ayant eu lieu en mai 2007 pour l'anniversaire du film qui a tout déclenché. Elles ont permis aux visiteurs de découvrir en exclusivité des extraits de film, d'acheter des objets rares, de débattre avec les vedettes des films, d'assister à des spectacles axés sur *Star Wars*, des concours de déguisements, des compétitions de films de fans, des dédicaces, des expositions et des démonstrations de jeux vidéo. Grâce aux *Celebrations*, les fans de tous les horizons peuvent partager leur passion commune pour cette galaxie très lointaine...

ENTRETENIR LA FLAMME
George Lucas serre la main d'un jeune fan lors d'une séance de questions-réponses à la *Celebration III*. Les enfants qui ont grandi avec la trilogie *Star Wars* originale sont maintenant des adultes, et la prélogie a conquis une seconde génération. *Star Wars* est en bonne santé, et il est probable qu'elle jouira de la même popularité au XXIe siècle.

EXCLUSIVITÉ
Les fans font la queue devant l'Indiana Convention Center, au premier jour de la *Celebration III*. Certains avaient campé toute la nuit pour acheter un Darth Vader disponible uniquement pour les détenteurs du badge de visiteur. La figurine était pourvue d'une puce électronique qui faisait entendre des phrases enregistrées spécialement pour l'occasion par l'acteur James Earl Jones.

Outre un défilé matinal, les fans costumés de la 501e Légion ont pris part à des compétitions sportives réservées aux stormtroopers en armure.

LA LÉGION DE SA MAJESTÉ
Le maître de cérémonie de la *Celebration III*, Jay Laga'aia (le capitaine Typho), se tient avec l'Empereur Palpatine devant la 501e Légion, qui compte dans le monde plus de 3 300 membres ayant un goût prononcé pour les tenues impériales : les plus fréquentes sont celles des stormtroopers, mais on croise aussi des chasseurs de primes et des Seigneurs Sith.

JEUNESSE JEDI
Même les fans les plus jeunes ont pu s'amuser lors de la *Celebration II*. Ici, un groupe de futurs padawans pose pour l'illustrateur Iain McCaig. Les jeunes générations pouvaient aussi apprendre les rudiments du combat au sabre laser à la Junior Jedi Academy.

Le superviseur des designs Ryan Church dévoile les décors exotiques, les armes et les vaisseaux qu'il a créés pour La revanche des Sith.

Les déguisements des fans font preuve d'imagination autant que de respect pour leurs modèles, telle cette interprétation d'Aurra Sing, la chasseuse de primes. Le premier prix du concours de la Celebration III *est allé à un déguisement de général Grievous.*

LES ÉTOILES DE STAR WARS
Warwick Davis – qui joua l'Ewok Wicket dans *Le retour du Jedi* et Willow Ulfgood dans le *Willow* de George Lucas, et qui fit des apparitions dans les films de la prélogie *Star Wars* – pose ici avec une réplique de sabre laser. Davis fut l'un des maîtres de cérémonie de la *Celebration III*.

De gauche à droite : Jake Lloyd (Anakin jeune dans La menace fantôme*), Nick Gillard, coordinateur des cascades, et John Knoll, superviseur des effets visuels de la prélogie.*

CHRONOLOGIE

QUAND LE PREMIER *Star Wars* est sorti en 1977, George Lucas ne s'attendait pas à son succès historique : « J'étais à Los Angeles, je supervisais le mixage sonore d'une version du film en langue étrangère. Je suis allé au restaurant sur Hollywood Boulevard, et en face, au cinéma Grauman's Chinese Theater, il y avait foule. Une partie de la rue était bloquée, la police était partout, il y avait des limousines, des files larges de huit ou neuf personnes qui entraient et sortaient, et disparaissaient au coin de la rue. Je me suis demandé ce qui se passait. J'ai pensé que c'était la première d'un nouveau film. J'ai regardé le fronton, et c'était *Star Wars* ».

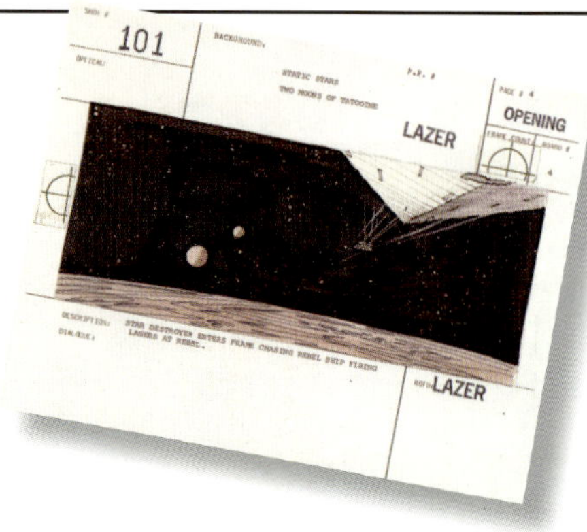

Story-board de Joe Johnston pour la séquence d'ouverture de l'Épisode IV : Un nouvel espoir.

Poster style « C » de Tom Cantrell pour Star Wars, *1977.*

L'une des premières photos publicitaires pour le premier Star Wars, *avec* (de gauche à droite) *Mark Hamill, Carrie Fisher, Peter Mayhew et Harrison Ford.*

1971

Création de Lucasfilm Ltd.

1972

George Lucas prend des notes pour ce qui deviendra la première des quatre versions du scénario de « *The Star Wars* ».

1973

20 août : suite au succès de *American Graffiti*, et après avoir échangé une augmentation de salaire pour « *The Star Wars* » (Épisode IV) contre la propriété des droits dérivés, Lucas signe un contrat avec la 20th Century Fox.

Mark Hamill, Alec Guinness, le producteur Gary Kurtz et Lucas fêtent le 62e anniversaire de Guinness en Tunisie, le 2 avril 1976.

1975

Industrial Light & Magic (ILM) est fondé pour créer les effets visuels de « *The Star Wars* ». John Dykstra et ILM créent la caméra Dykstraflex. Sprocket Systems est créé pour réaliser la bande sonore de « *The Star Wars* ».

1976

En pleine postproduction, « *The Star Wars* » est rebaptisé *Star Wars*.

15 janvier : Lucas achève la quatrième version du scénario.

22 mars : le tournage commence en Tunisie.

16 juillet : le tournage s'achève en Angleterre aux Studios Elstree.

décembre : parution de la novélisation de *Star Wars*.

1977

mars : le compositeur John Williams enregistre la musique de *Star Wars* avec le London Symphony Orchestra.

1er mai : première projection test de *Star Wars* au cinéma Northpoint Theater de San Francisco.

25 mai : *Star Wars* sort dans 32 salles en Amérique du Nord. À la mi-juin, il est dans 350 salles.

1978

3 avril : *Star Wars* reçoit sept Academy Awards à la cérémonie des Oscars à Los Angeles.

17 novembre : Le « *Star Wars* Holiday Special », avec la plupart des acteurs de *Star Wars*, est diffusé sur CBS TV.

Projet de poster par Tom Jung pour l'Épisode V : l'Empire contre-attaque.

1979

La division informatique de Lucasfilm est créée chez ILM. Sprocket Systems est rebaptisé Skywalker Sound.
5 mars : début du tournage de l'Épisode V : *l'Empire contre-attaque* en Norvège, à Finse.
24 septembre : fin du tournage en Angleterre, aux Studios Elstree.

1980

21 mai : sortie en salle de *L'Empire contre-attaque*, qui recevra deux Academy Awards.

1981

La division informatique commence à travailler sur le Pixar Image Computer, l'EditDroid et le SoundDroid. ILM crée le procédé d'animation Go-Motion.
9 février : publication de la bande dessinée *Star Wars* sous licence.
5 septembre : le feuilleton radiophonique *Star Wars* en 13 épisodes commence sur National Public Radio, aux États-Unis. Anthony Daniels et Mark Hamill y reprennent leurs rôles de C-3PO et Luke Skywalker.

1982

La division jeux est créée ; Lucasfilm est la première société cinématographique à développer et publier des jeux vidéo interactifs.
11 janvier : le tournage de *La Revanche du Jedi* débute en Angleterre, aux Studios Pinewood, avec une séquence de tempête de sable qui sera coupée au montage.
mai : le tournage de *La Revanche du Jedi* s'achève avec la poursuite de speeder bikes à ILM.

Poster pour un concert Star Wars *en 1978.*

juin : l'Épisode IV : *Un nouvel espoir* sort en vidéo aux États-Unis.

Les fans de Star Wars *font la queue devant le Grauman's Chinese Theater sur Hollywood Boulevard en 1977, impatients de découvrir l'aventure spatiale de George Lucas.*

« Quand 900 ans tu auras, comme moi, moins en forme tu seras. »

1983

27 janvier : Lucas rebaptise officiellement le nouveau film *Le Retour du Jedi*.
17–18 février : le premier des 10 épisodes du feuilleton radiophonique *L'Empire contre-attaque* est diffusé sur National Public Radio.
25 mai : sortie en salle aux États-Unis du *Retour du Jedi*. Il recevra un Academy Award.

1984

11 mars : fin de la publication de la bande dessinée *Star Wars*.
25 novembre : diffusion du téléfilm *L'Aventure des Ewoks* sur ABC TV. Il remporte un Emmy Award pour ses effets spéciaux.

1985

Le Pixar Image Computer est présenté à la National Computer Graphics Conference.
7 septembre : début de la première saison de *Star Wars : Ewoks* et *Droïdes* sur ABC TV.
24 novembre : diffusion de *La Bataille d'Endor* sur ABC TV. Il remporte un Emmy Award pour ses effets spéciaux.

Gary Kurtz aide C-3PO (Anthony Daniels) à écrire son nom dans le ciment devant le Grauman's Chinese Theater.

1986

Lucasfilm vend la technologie Pixar à Steve Jobs, le cofondateur d'Apple.
25 février : *Le Retour du Jedi* sort en vidéo.
1er novembre : une deuxième saison de *Star Wars : Ewoks* commence sur ABC.

1987

9 janvier : ouverture de l'attraction *Star Tours* à Disneyland, en Californie.

1994

1er novembre : George Lucas commence à écrire la première version de *Star Wars* : Épisode I.

1995

ILM remporte un Award technique pour la création du ILM Digital Film Compositing System.
29 août : la trilogie *Star Wars* remastérisée en son THX sort en vidéo.

1996

19 octobre : le feuilleton radiophonique en 6 épisodes du *Retour du Jedi* commence sur National Public Radio.

1997

18 janvier : George Lucas, Carrie Fisher, Mark Hamill assistent à la première mondiale de la *Star Wars Trilogy Special Edition* aux cinémas Mann Village et Bruin de Westwood Village, Los Angeles.
31 janvier : sorties dans toute l'Amérique du Nord de la *Star Wars Trilogy Special Edition*.

Carrie Fisher remet une médaille à Chewbacca (Peter Mayhew) lors des MTV Movie Awards en 1997.

26 juin – 26 septembre : le tournage du nouveau film Épisode I : *la Menace fantôme* se déroule principalement aux Studios Leavesden, en Angleterre.

1999

30 avril – 2 mai : la convention *Star Wars Celebration* se tient à Denver, dans le Colorado, au Wings Over The Rockies Air and Space Museum.

19 mai : sortie au cinéma de *Star Wars* : Épisode I aux États-Unis.
18 juin : *La Menace fantôme* est le premier grand long-métrage à utiliser des projecteurs numériques.

2000

Skywalker Sound, avec THX et Dolby, créent le Dolby Original Surround EX.

Liam Neeson (Qui-Gon Jinn), Ray Park (Darth Maul) et Ewan McGregor (Obi-Wan Kenobi) sur le tournage de l'Épisode I.

26 juin : début du tournage de l'Épisode II aux Studios Fox, à Sydney, en Australie.
20 septembre : le tournage de l'Épisode II s'achève aux Elstree Film Studios, en Grande-Bretagne. *L'Attaque des clones* est le premier grand film à être entièrement tourné en numérique.

2001

ILM remporte un Award technique pour le ILM Creature Dynamics System et le ILM Motion and Structure Recovery System.
16 octobre : *La Menace fantôme* sort en DVD.

2002

16 mai : sortie mondiale de l'Épisode II : *L'Attaque des clones*.
août : Lucas commence à écrire le scénario de l'Épisode III.

2003

30 juin – 17 septembre : le tournage principal de l'Épisode III a lieu aux Studios Fox de Sydney.

2004

21 septembre : la première trilogie *Star Wars* sort en DVD.

2005

19 mai : le dernier film *Star Wars* de la saga en six parties, l'Épisode III : *La Revanche des Sith*, sort en salle dans le monde entier.

Affiche cinéma de La Revanche des Sith, *par Drew Struzan*

2006

12 septembre : les versions originales des Épisodes IV à VI sortent en DVD.

2007

24 mai : *Un nouvel espoir* fête ses 30 ans, la *Celebration IV* a lieu à Los Angeles.
13 juillet : *Celebration Europe* à Londres.
27-28 octobre : *Star Wars Réunion II* à Paris, au Grand Rex.

Avec de nouveaux dessins animés Clone Wars *en préparation et divers projets pour la télévision, la chronologie* Star Wars *se poursuivra bien au-delà de l'Épisode III. À bientôt !*

INDEX

REMERCIEMENTS

REMERCIEMENTS DE L'AUTEUR
De nombreuses publications *Star Wars* ont servi de référence au présent ouvrage, et je suis particulièrement reconnaissant à Dan Madsen et Jon Bradley Snyder pour leur collaboration à *Star Wars Insider*, Dan Wallace pour ses ouvrages *Essential Guide*, Lisa Findlay de Random House qui m'a fourni plusieurs livres *Star Wars*, et Brian J. Robb de Titan Magazines qui m'a fourni des exemplaires de *Star Wars : The Official Magazine*. Merci à Neil Kelly, Dan Bunyan, Jill Bunyan et Laura Gilbert chez DK pour avoir fait de cette encyclopédie un ouvrage indispensable, et à Jonathan Rinzler, Iain Morris et Leland Chee de Lucas Licensing pour nous avoir éclairé la route. Remerciements particuliers également à Mike Richardson et Randy Stradley de Dark Horse Comics, pour m'avoir confié *Droids* voilà bien longtemps, et à Allan Kausch, grâce à qui j'ai commencé à écrire.

L'éditeur désire remercier Ian McDiarmid pour son remarquable avant-propos ; Jonathan Rinzler, Iain Morris, Leland Chee, Tina Mills, Stacey Cheregotis, Amy Gary et tout le monde chez Lucas Licensing ; Justin Lambros de LucasArts ; tout le monde chez *Star Wars Insider* ; Julia March pour l'index ; Alexander Ivanov pour sa photographie ; Keith Clayton de Del Rey Books ; Lance Kreiter et Dan Jackson de Dark Horse Comics Inc. pour leur aide et pour les illustrations ; Derryl Depriest de Hasbro Inc. ; Jay Bruns et Linda Hegarty de LEGO ; Barry Jones de Master Replicas ; Marvel Comics ; Buena Vista ; California Originals (Mind Circus) ; Giant Merchandising ; Nelvana Studios ; Cartoon Network ; Bantam Books ; Ballantine Books ; Pandemic Studios ; Obsidian Entertainment ; Bioware.

L'éditeur et le traducteur expriment leur gratitude à trois dignes successeurs de Madame Jocasta Nu : Éric Charton, Andrew Tse et Pascal "HAwAT" Dumont.

L'éditeur désire également remercier les personnes suivantes pour leurs contributions respectives à cet ouvrage : Dusty Abell ; John Alvin ; Jim Amash ; Curtis Arnold ; Terry Austin ; Ramon F. Bachs ; Keith Barnett ; David Jacob Beckett ; Edvin Biukovic ; Bill Black ; Patrick Blaine ; Fred Blanchard ; Tim Bradstreet ; Chris Brunner ; Tom Cantrell ; Dario Carrasco, Jr. ; Claudio Castellini ; Paul Chadwick ; Howard Chaykin ; Brian Ching ; Steve Crespo ; Rodolfo Damaggio ; Dave Dorman ; Jan Duursema ; Witold Dybowski ; Dean Ellis ; Jordi Ensign ; Carlos Ezquerra ; Davidé Fabbri ; Duncan Fegredo ; Raul Fernandez ; Hugh Fleming ; Jon Foster ; Tom Fowler ; Warren Fu ; Ian Fullwood ; Marc Gabanna ; Manuel Garcia ; Carlos Garzon ; Drew Geraci ; Ian Gibson ; Tomás Giorello ; Grant Goleash ; Chris Gossett ; Jim Hall ; Mark Harrison ; Stephen Hawthorne ; Mark G. Heike ; Clayton Henry ; Tim and Greg Hildebrandt ; Rick Hoberg ; Matt Hollingsworth ; Jay Hurst ; Benton Jew ; Drew Johnson ; Joe Johnston ; Tom Jung ; Roger Kastel ; Rafael Kayanan ; Cam Kennedy ; Igor Kordey ; Ray Kryssing ; Ray Lago ; Steve Leialoha ; Rick Leonardi ; Mark Lipka ; Carl Lyons ; Rick Magyar ; Lucas Marangon ; Gary Martin ; Iain McCaig ; Ralph McQuarrie ; John Mollo ; Sean Murphy ; John Nadeau ; Ted Naifeh ; Makoto Nakatsuka ; Edwin Natividad ; John Ostrander ; Jimmy Palmiotti ; Dan Parsons ; Rod Pereira ; Kilian Plunkett ; Eric Powell ; Dermot Power ; Ron Randall ; Tom Raney ; Al Rio ; Andrew Robinson ; Jim Royal ; P. Craig Russell ; Stan Sakai ; Tsuneo Sanda ; Kazuhiko Sano ; Eric Shanower ; Monty Sheldon ; Tom Simmons ; Chris Slane ; Chris Sprouse ; Dave Stevenson ; Drew Struzan ; Mike Sutfin ; Robert Teranishi ; Derek Thompson ; Raul Trevino ; Olivier Vatine ; Christian Dalla Vecchia ; Chip Wallace ; Art Wetherell ; Doug Wheatley ; Terryl Whitlatch ; Dean Williams ; Al Williamson ; Stan Woch ; Bill Wray.